Roja Zudi
Der Tyrann in meinem Haus

Roja Zudi

Der Tyrann in meinem Haus

Biografie

FISCHER & FISCHER
MEDIEN AG

Bibliografische Information Der Deutschen Bibliothek
Die Deutsche Bibliothek verzeichnet diese Publikation in der
Deutschen Nationalbibliografie; detaillierte bibliografische
Daten sind im Internet über http://dnb.ddb.de abrufbar

© 2006 by edition fischer GmbH
Orber Str. 30, D-60386 Frankfurt/Main
Alle Rechte vorbehalten
Schriftart: Palatino 11°
Herstellung: M. Hashemzadeh / NL
Printed in Germany
ISBN 3-89950-123-3

Lieber Achim,
von ganzem Herzen danke ich dir für deine leidenschaftliche Arbeit an diesem Buch. Während unserer monatelangen Zusammenarbeit hast du meine Vergangenheit intensiv mit durchlitten, hast mit jedem Kapitel unter meiner Haut gesteckt. Ohne dich wäre die Veröffentlichung meiner Lebensgeschichte ein ewiger Traum geblieben.

Mein lieber Majid,
voller Liebe und Verständnis hast du mich in den letzten Jahren immer wieder dazu ermutigt, meine Vergangenheit niederzuschreiben. Damit ist es dir gelungen, meine verletzte Seele aus ihrem Gefängnis zu befreien. Lass uns die gewonnene Freiheit gemeinsam leben.
Ich liebe dich.

Dieses Buch widme ich meinem jüngsten Sohn Sohrab, der heute noch zu jung ist, um zu verstehen. Es soll ihm helfen, die Geschichte seiner Mutter und seiner Brüder zu begreifen und deren emotionale Irrfahrt mitzuerleben.

Vorwort

Die Handlung dieses Buches ist Realität, denn sie beschreibt mein bisheriges Leben. Auf der Suche nach einem gesicherten Ort, der es mir erlauben würde, meine Weiblichkeit zu leben, überschritt ich die Grenze, die mich an den Iran fesselte.

Meine Geschichte ist auch die Geschichte meiner Mutter, meiner Großmutter, aller Mütter und Frauen unserer Heimat. In der Mitte meines Lebens zerbrach ich, wie so viele von uns. Doch während die Mütter vor mir sich in eine Rolle fügten, die man ihnen in ihrem eigenen Leben zuteilte, begann ich das Drehbuch für die Darstellung meines Selbst eigenmächtig umzuschreiben. Dafür habe ich gelitten.

Jetzt lebe ich in einem freien Land. In Deutschland ist mein Herz aus den dunklen Türmen meiner Heimat befreit worden, die sorgsam über alles Weibliche den Schleier der Unterdrückung warfen.

Heute danke ich unserem gemeinsamen Gott dafür, dass ich noch lebe. Doch nicht mehr der Leiden wegen bin ich am Leben, sondern wegen der Liebe und der Hoffnung auf das Leben.

Nürnberg, den 22. Juni 2004   *Roja Zudi*

In den Krallen einer unbarmherzigen Depression erlebe ich ein fremdes Land fern meiner Heimat, und nur noch mit dem Hauch einer Hoffnung kann ich mein verlorenes Leben beschreiben, dessen Seele durch die Aggressivität meines Schicksals verwundet wurde. Vielleicht beruhigt sich eines Tages diese Seele, sollte meine Geschichte Gehör finden. Dann wird mein nie endender Schmerz für mich in einem kalten Grabe ruhen.

Kapitel 1

Die Macht des Bartes

Fünfjährig war ich, pausbäckig und mit vollem schwarz gelockten Haar. So lehnte ich verzagt und hilflos im Türrahmen, kaute meine Fingernägel, während mir Tränenströme still über mein blasses Gesicht liefen. Wie jedes Mal, wenn meine Mutter geschlagen wurde. Wieder einmal bin ich durch den Lärm meiner flehenden und weinenden Mutter erwacht. Verzweifelt und bedauernswert liegt sie am Boden. Doch in dem Moment, da sie mich sieht, dort im Rahmen der Tür, noch in diesem Augenblick schenkt sie mir ein Lächeln. Ein Lächeln voller Schmerz auf viel zu blassen Lippen und mit müder Stimme schickt sie mich zurück in mein Bett. Bedrückt schleiche ich in mein Zimmer, hoffe in meiner kindlichen Einfalt, damit ihr gebrochenes Herz wieder beruhigen zu können, und verkrieche mich unter meiner Dunkelheit spendenden Decke. Von draußen hört man den Korangesang und ich denke: »Warum nur helfen diese heiligen Verse nicht meiner Mutter?«
Und mein Gesicht brannte von vergossenen Tränen.

Ich sah, wie meine Mutter ging. Das war in einer kalten Nacht, als die welken Blätter aufgehört hatten zu fallen. Der traurige Abschied in ihrem Gesicht bleibt mir tiefste Erinnerung. Traurigkeit, das war das Tränenmeer in ihren Augen, waren ihre zitternden Lippen, die mir ihren innigen Abschiedskuss versagten. Mit meinen kleinen, hilflosen Händen halte ich mich an ihrem Kleid fest. Dieses gelbe Kleid, das sie immer so schön aussehen ließ, lässt sie an diesem Abend alt und gebrechlich erscheinen. Und ich ahne, dass ich sie für immer verlieren werde. Erregt verharre ich hinter der von eigenem Atem beschlagenen Fensterscheibe, wische das Glas für meinen Blick frei und sehe sie: heruntergefallene, in sich zusammen gesunkene Schultern und Schritte, die ohne Hoffnung sind. Noch einmal befreie ich hastig das Fenster von meinem warmen Atem. Bereitwillig gibt es abermals den Blick frei. Doch meine Mutter ist nicht mehr da. Meine Mutter ist gegangen.

Am nächsten Tag zur Mittagsstunde erfüllte lautstarkes Meckern der Mutter meines Vaters unser Haus. Dabei beschimpfte sie lautstark meine eigene, während Großvater seine alte, dreckige Pfeife putzte und danach die schwarzen, verrauchten Hände an einem unserer schönen Sitzkissen abrieb.»Dieses Weib war von Anfang an sturköpfig«, poltert er empört, was meine zwei Jahre jüngere Schwester Rosi zu hemmungslosem Weinen und dieses Geheul wiederum meine Großmutter zu lautem Fluchen bringt. Mein zwei Jahre älterer Bruder *Amir* kommt ebenfalls weinend, dazu mit einer Rotznase und seinem verschlissenen Plastikball in der Hand, in unser Haus gelaufen. Hinter ihm her stürzt auf Stöckelschuhen aufgeregt unsere Nachbarin. Die Schminkreste der letzten Nacht lassen sie noch widerwärtiger erscheinen. Ohne zu wissen, ob mein Bruder ihr gegenüber etwas angestellt haben könnte, schiebt Großmutter abrupt unseren Petroleumkocher zur Seite, um sich auf *Amir* zu stürzen. Ich muss sagen, diese Person war eine neidische und rücksichtslose Frau, mit einem, wie ich meine, durch und durch schlechten Charakter. Kein weibliches Benehmen war an ihr zu beobachten. Ich spüre, wie mein Bruder ihr mit der ganzen Kraft seiner jugendlichen Männlichkeit entgegentreten möchte, doch beim Anblick dieser Furie gelingt auch ihm nur noch ein hemmungsloses Weinen. So heulen nun meine beiden Geschwister lautstark um die Wette. In diesem Augenblick kündigt das Geläut der Haustür die Ankunft unseres Vaters an. Grund genug für die Nachbarin, beim Anblick seines müden und durch das Geschrei zornig dreinblickenden Gesichtes fluchtartig das Haus zu verlassen. Im gleichen Moment fällt Vaters Blick auf das schmutzige, nach kaltem Fett riechende Geschirr, das sich seit dem Fortgang meiner Mutter angehäuft hat, und dieser Anblick lässt ihn im Lärm aus Heulen und Fluchen die Herrschaft über seine Würde verlieren. Wieder einmal, wie jedes Mal, wenn er Mutter zügellos das spüren ließ, was sie zuletzt in die Flucht schlug. Und ich begreife plötzlich, was mein Vater wirklich getan und welche Lücke Mutter in unser Familienleben gerissen hat. Ich spüre, welche Leere seit ihrem Fortgang in mir entsteht und mein junges Herz schmerzt.

So weinte ich in den Nächten. Tagsüber aber suchte ich nach ihr. Und das überall.

Ich weiß nicht, bisweilen verliere ich meine Mutter in meinen eigenen Bildern. Vielleicht, weil ich so viele Menschen traf, die schlecht über sie sprachen, nur weil sie uns verließ. Eine Mutter, die so lieben konnte und doch plötzlich verschwand.

Unser Haus befand sich in einem alten und ehrwürdigen Viertel der Stadt auf einem parkähnlichen Grundstück. Oft erdrückte mich in diesen Tagen meine eigene Unruhe. Dann ging ich in den Hof unseres Hauses, der nach dem Abschied unserer Mutter nun einsam geworden war. Früher lud mich dieser Platz, der mit üppigem Weinlaub bedeckt und von einem idyllischen Wasserlauf durchzogen war, zu kurzweiligen Stunden und ausgelassenen Spielen ein. Hier hielt mich meine Mutter liebevoll zwischen ihren Beinen fest und flocht meinen Haaren die schönsten Zöpfe. Jetzt ist mir dieser Ort öde und leer und ich begreife, dass diese Mutter dazu bestimmt war unterzugehen im Meer meiner Emotionen; zu versinken wie eine erbarmungslos geflutete Insel, die nie mehr an die Oberfläche des Wassers steigen wird, um ihr Dasein zu offenbaren. Heute höre ich in unserem Hof nur die Schreie meines Vaters. »Oh ja, Vater. Ich weiß, warum du tobst, warum dir dein Herz zu zerspringen droht und deine Seele explodieren möchte. Ich weiß, warum du Himmel und Erde verfluchst. Du bist allein gelassen worden. Mit drei kleinen Kindern allein gelassen von deiner eigenen Frau, die es in deinen wilden Klauen nicht mehr ausgehalten hat.« Und ich dachte bei mir: »Was eigentlich hat mein Vater verloren? Seine Ehefrau oder eine bezahlte Hausangestellte, die man mit Prügel entlohnt? Oder vielleicht doch nur seine Würde?«

Meine Mutter gehörte einer aristokratischen und angesehenen Familie an, und es ist sicher richtig, wenn ich behaupte, dass sie auf ein nobles, materiell abgesichertes Leben aus reiner Liebe zu meinem Vater verzichtete. Was er ihr dafür bot, waren Folter, körperliche wie seelische Erniedrigung und Armut. Unbeschreiblicher Zorn steigt in mir auf bei diesem Gedanken und nur das Gesicht meiner lieben Mutter vor Augen vermag mich zu beruhigen.

Wieder höre ich die schneidende Stimme der Mutter meines Vaters in einer mich niederdrückenden Erinnerung. »Wo treibst du dich herum, *Roja*? Willst du nicht essen?« *Amir* und ich schauen uns wortlos an, und von der Angst vor unserer Großmutter getrieben, würgen wir hastig unseren Reis herunter, während Vater meinen Bruder in harschem Ton auffordert: »Buckel nicht. Setz dich gefälligst hin wie ein Mensch!« Und ich denke: Sind wir vielleicht keine Menschen?

So hemmungslos und brutal mein Vater seinen Gefühlen freien Lauf lassen konnte, so scheu war er, wenn es darum ging, liebevolle Empfindungen auszudrücken. Ich kann mich nur schwer daran erinnern, je von ihm gestreichelt worden zu sein, eine Geste zärtlicher Zuwendung empfangen zu haben. Vielmehr war Vater ein Mann, dem es gefiel, Macht über uns auszuüben, und er legte Wert auf eine Ausstrahlung, die meinen Geschwistern und mir Angst einflößte. Großvater unterschied sich in dieser Hinsicht von seinem Sohn nur unwesentlich. Warum er seine kleine Enkelin so häufig aus nichtigem Anlass heraus zwickte und schmerzhaft an den Ohren zog, werde ich nie verstehen können.

Denke ich zurück an das Leben in meiner Familie nach dem Fortgang meiner Mutter, fallen mir die unterschiedlichsten Bilder ein. Zum Beispiel das von meiner kleinen Schwester, die nun ohne eine Decke auf dem Boden schlief. Oder an die Szene von *Amir* und mir nach dem Essen mit den Erwachsenen, die uns beiden den Mut nahmen, nach beendeter Mahlzeit das Haus zu verlassen. Früher, da hielten wir uns gern am Wasserlauf unseres Hofes auf, unterhielten uns angeregt und spielten dabei mit den Regenwürmern. Und danach gingen wir Herrn Martin besuchen.

Martin war ein Christ und dennoch für uns ein Vorbild, ein vollendeter und perfekter Mensch, der in einem residenzähnlichen Herrenhaus wohnte, das von hohen Mauern umsäumt war. Er besaß grau schimmernde Haare, die er in einer für uns ungewohnten Weise nach oben kämmte, und stark behaarte Augenbrauen. Entscheidend für uns aber war, dass er keinen Schnurrbart trug, und genau dies machte ihn für uns so sympathisch. Dass ein Mann mit einem derart offenen Gesicht seine Frau schlagen könnte, war für *Amir* einfach unvorstellbar. Und da mir der Schnurrbart meines Vaters ständig Furcht einflößte, glaubte ich ihm. Zumal mein Bruder seine Ansicht ständig vor mir wiederholte. So kam ich auf den kindlichen Einfall, dieser kräftig wuchernde Bart sei die Quelle des Bösen in meinem Vater und es bedürfe nur einer Rasur, um sein brutales Wesen zu ändern. Der Schnurrbart aber blieb der Stolz meines Vaters.

Wenn ich heute darüber nachdenke, glaube ich, in jener Zeit die schönsten Augenblicke an der Seite von Martin erlebt zu haben. Momente, die mich bezauberten. Alles in seinem Haus hatte eine strikte Ordnung und sein Arbeitszimmer war wie alle übrigen Räume mit einem ganz besonderen, ihm eigenen Geschmack eingerichtet. Aus allem strahlte für mich ein so behagliches Formgefühl, dass mir der atmosphärische Unterschied zu meinem eigenen Heim schmerzlich bewusst wurde. Das freundliche Wesen seiner Frau erinnerte mich an das meiner Mutter und ich bildete mir ein, dass Martins Ehefrau sich dafür, nicht von ihrem Ehemann geschlagen zu werden, bei allen mit einem besonders herzlichen Wesen bedanken wollte. Martin ist ihr gegenüber, soweit ich das heute beurteilen kann, immer zuvorkommend gewesen, bedankte sich beispielsweise bei ihr, wenn sie ihm Tee reichte, und brachte ihr selbst in der Anwesenheit von uns Kindern seinen Respekt und seine Achtung durch eine würdevolle Verbeugung zum Ausdruck. Manchmal fragte ich mich, warum nicht meine Mutter Martin geheiratet hatte.

Großmutter war überzeugt davon, dass Martin und seine Frau unrein waren, und verbot uns den Umgang mit beiden. Vater vertrat die gleiche Ansicht. Fortan schlichen sich mein Bruder und ich heimlich in das Haus unseres Freundes. Von den daheim geäußerten Vorurteilen erzählten wir unseren Gastgebern nichts. Martin selbst hatte uns beigebracht, zwischen aufrichtigen und bösartigen Reden anderer zu unterscheiden. So lernten wir, die einen anzunehmen und die anderen zu vergessen.

Martin war im Gegensatz zu meinem Vater eine sehr gepflegte Erscheinung. Auch wenn seine Kleidung nicht immer neu war und nur selten dem aktuellen Stand der Mode entsprach, so war sie doch stets sauber und gepflegt. Und ich konnte nicht begreifen, warum ein Mensch von Anstand und Bildung, Ordnungssinn und Geschmack unrein sein sollte. Trotz aller Versuche habe ich das Urteil meiner Großmutter nie verstanden. Aber ich konnte es auch nicht vergessen.

Die Abende wie die Nächte waren in unserem Haus auf eine für mich nicht erklärbare Art atmosphärisch sonderbar verdichtet. Zur bestimmten Stunde schaltete Vater das Radiogerät ein, um sich seine »Nachtgeschichten« anzuhören. So nahmen wir im Hintergrund unseres Handelns die Stimme des unbekannten Erzählers wahr, ohne den Sinn seiner Worte zu erahnen. *Amir* lag mit ausgestreckten Beinen auf dem Boden und erledigte seine Hausaufgaben. Großmutter, mit ständiger Arbeit im Haushalt beschäftigt, schimpfte immer dann lautstark, wenn sie über ihn hinwegsteigen musste, und ich, sofern es mein Bruder zuließ, malte mit seinen Buntstiften für mich immer wiederkehrend das gleiche Bild. Das Bild von meiner Mutter, während sie ging.

Zu schnell verfliegt der trügerische Gedanke an eine wohlige Trägheit in unserem Hause, erinnere ich mich der Geschehnisse, durch die unser Vater meinen inneren Abschied von ihm einleitete. Es war dieser späte Nachmittag, an dem bereits die Abenddämmerung über uns kam, als *Amir* und ich müde vom Spiel unser Heim erreichten. Bereits aus der Ferne vernahmen wir die durchdringende Stimme unserer unerwartet zu Besuch gekommenen Tante. Auch sie galt uns Kindern wegen ihres herrischen Wesens, das so sehr dem unseres Vaters glich, als persönliche Feindin. In jeder nur denkbaren Begegnung mit ihr klopfte uns das Herz bis zum Hals. Sogleich verdrückte sich mein Bruder in der ihm eigenen Art im Inneren des Hofes, während ich mich vorsichtig unserem Hause näherte. Die Tür stand halb offen und so konnte ich gut die mit einschmeichelnder Stimme vorgetragenen Worte meiner Tante vernehmen und dabei gleichzeitig unserer Großmutter unbeobachtet in die Augen blicken. Rechthaberisch wirkte ihr Gesichtsausdruck, während sie gierig an ihrer Wasserpfeife zog. »Die Frau deines Bruders hat Recht«, hörte ich sie zwischen zwei hastigen Zügen an der Pfeife sagen. »Wie lange willst du noch allein bleiben? Eine Frau, die ihren Mann verrät und ihm drei heranwachsende Kinder hinterläßt, kann keine gute Frau sein. Von Anfang an passte dieses Weib nicht zu uns.« Daraufhin breitete sich Stille aus im Raum und ich begriff: Das Schweigen deines Vaters bedeutet, dass er den Worten seiner Mutter zustimmt.

Vaters Hochzeitsnacht war die schlimmste Nacht meines bisherigen Lebens. Ein Jahr war nach dem Fortgang meiner Mutter vergangen und schon strahlten wieder in unserem Haus die bunten Lampen, klang laut das Grammophon und Gäste in feierlicher Bekleidung lärmten, um uns die Ankunft unserer Stiefmutter anzukündigen.

Man hatte mich mit schneeweißen Socken in ein rosafarbenes Kleid gesteckt, hatte mir in mein sorgsam geflochtenes Haar eine Schleife gleichen Farbtones gebunden und zur Vollendung meiner kindlichen Erscheinung die farblich dazu passenden Schuhe angezogen. So schien ich in der Welt der Erwachsenen vollkommen, eingehüllt in ein unschuldig mädchenhaftes Rosa. Doch gar nicht kindlich berührt stand ich in einer Ecke des Raumes, in dem die neuerliche Vermählung meines Vaters gefeiert wurde. So war ich nur betrübt im Angesicht all dieser ausgelassenen, fremden Gäste und erneut rief der Verlust meiner Mutter in mir einen für kurze Zeit verdrängten, tief empfundenen Schmerz hervor.

Mein trauriger Blick hielt nach meiner jüngeren Schwester Ausschau. Es brauchte eine lange Zeit, bis ich Rosi endlich sah. Verwirrt von der Menschenmenge lief sie hin und her, so als suche sie unsere Mutter. Gierig lutschte Rosi an ihrem roten Plastikschnuller. *Amir* war meinem Blick noch länger entschwunden. Als er ihn endlich erfaßte, stopfte sich mein Bruder gerade gierig den Mund voller Süßigkeiten, um danach schnell wieder meinen Augen zu entschwinden.

Mein stolzer Vater gefiel sich derweil in seinem eleganten Anzug ebenso wie in der Rolle des Bräutigams, hatte keine Augen für uns, war voller Freude und mit sich zufrieden und ich dachte: »Was wird nur mit uns geschehen, wenn diese neue Frau in das Haus kommt, das auch einmal das Heim deiner Mutter war?«

Amir und ich liebten den Sommer, weil er uns die Möglichkeit gab, gemeinsam mit Vater auf dem Dach des Hauses zu schlafen. In dieser Nacht allerdings kam der neu vermählte Vater nicht zu uns, und in den nachfolgenden Nächten hielt er es ebenso.

So füllte in seiner Hochzeitsnacht ein See aus Tränen unsere Augen, und die verschleierten Sterne, die wir am Himmel über uns zählten, teilten wir unter uns auf.

Kapitel 2

Amir

Wenige Wochen später wurde ich eingeschult und damit verband sich für mich eine schlichte Ahnung, dass ich von nun an Dinge zu erwarten hatte, die mich und mein weiteres Leben nachhaltig prägen sollten. Vielleicht geschah dies bereits mit dem Tag, als *Amir* zu mir gelaufen kam und mich mitnahm auf unser Dach, um zum allerersten Mal eine Leiche mit eigenen Augen zu betrachten. Wenige Stunden zuvor war die Mutter unserer Nachbarin verstorben. Und es war sicher meine übergroße Neugier, die mich dazu brachte, meinem kleinen Bruder mit klopfendem Herzen blindlings hinterherzulaufen. Ganz außer Atem erreichten wir unser Ziel. Hier, hoch oben, erschien uns das kalte Wetter noch unwirtlicher, der bewölkte Himmel noch grauer. »Oh, Gott«, schrie mein erster Blick, »was geschieht hier? Auf welche Art wird diese Arme erniedrigt?« Dahingestreckt und völlig nackt lag die Alte am Boden, während ihre Angehörigen den entblößten Körper unbarmherzig hin und her wälzten, um ihn mit einem Wasserschlauch gleichmäßig zu waschen. Mein Bruder fragte mich mit ängstlichem Blick, ob sich die Tote denn nicht erkälten würde, und ich antwortete ihm: »Nein, *Amir*, diese Frau wird sich nie mehr erkälten. Diese Frau ist befreit.« In jenem Moment begriff ich, dass Menschen, so lange sie leben, die Toten nicht fürchten müssen. *Amir* weinte still vor sich hin, wischte seine Tränen aus dem Gesicht und wiederholte leise meine Worte. »Ja, sie ist wohl befreit.« Und ich fragte mich, wovon eigentlich? Hatte sie auch eine solche Stiefmutter besessen wie wir?

Ich weiß, dass der Stiefmutter in der Literatur üblicherweise keine günstige Rolle zugewiesen wird. Aber bin ich deshalb dazu verpflichtet, die zweite Frau meines Vaters in der Welt meiner eigenen Gedanken zu schonen? Bisweilen scheine ich überzeugt davon, nicht das Recht einer sich Erinnernden zu besitzen. Allzu groß ist mir die Gefahr, aus tief empfundenem Schmerz zu keiner objektiven Darstellung fähig zu sein. So möchte ich mich zunächst weniger über ihre Taten äußern als vielmehr über das, was ihr Handeln bei meinen Geschwistern und mir bewirkte.

Reden will ich über jenen Nachmittag eines heißen Sommertages, an dem mein Bruder und ich voller Verzweiflung von daheim wegliefen. *Amir* hatte diese Stunde gewählt, weil im Haus noch Mittagsruhe gehalten wurde und alle schliefen. Vor Aufregung war mir ganz übel und eine innere Unruhe zerrte an meinen Nerven. Doch bei aller Angst, die mich fast lähmend ergriff, folgte ich *Amir*, der fest entschlossen und von seinem Vorhaben nicht abzubringen war. Ich weiß nicht, wie lange wir liefen, erinnere mich nur an Dunkelheit und Kälte, die uns zu einer unerwartet frühen Stunde auf bedrohlich empfundene Weise vereinnahmten. Und ich heulte, bettelte, mein Bruder möge mit mir umkehren. *Amir* jedoch strich mir meine von Schweiß verklebten Haare mit einer bis dahin nie erlebten zärtlichen Geste aus dem Gesicht, trocknete behutsam meine Tränen und gab mir einen flüchtigen Kuss voller Zärtlichkeit auf die Wange. In diesem Moment erschien mir mein Bruder wie ein Erwachsener, größer und reifer als je zuvor. Voller Vertrauen lehnte ich mich an ihn und schon nach dem Bruchteil eines Augenblickes besaß ich wieder die innere Kraft, wie blind meinem Bruder zu folgen, obwohl wir mittlerweile beide bitterlich froren. In der Zwischenzeit hatte sich der Himmel gänzlich verfinstert und aus der Ferne hörten wir ein Kläffen und Jaulen frei laufender Hunde. Das bedrohliche Gebell ließ unsere Herzen noch schneller schlagen, obwohl bereits Müdigkeit unsere Augenlider deutlich beschwerte. Eng aneinander geschmiegt kauerten wir verängstigt und erschöpft am Straßenrand, um noch im selben Moment, an den Stamm eines Baumes gelehnt, friedlich einzuschlafen.

Als ich meine Augen öffnete, befand ich mich zu meinem Erstaunen wieder daheim. Die warmen Temperaturen des Raumes hatten bereits damit begonnen, die feuchte Kälte der Nacht aus meinen Gliedern zu vertreiben. Behaglich und angenehm erschien mir plötzlich unser Haus, und der Grund dieser Flucht war mir in jenem Augenblick gänzlich verflogen.

Amir und ich haben nie erfahren, durch wen und auf welche Weise unser gemeinsamer Ausbruch so glimpflich endete. Eine Ahnung hatte ich zwar angesichts der betretenen Miene meines plötzlich schweigsam gewordenen Vaters. In ihr bestätigen lassen wollte ich mich allerdings nicht. So unterdrückte ich meine neugierigen Fragen.
Heute denke ich, dass damals alle Beteiligten die Gründe unserer Flucht kannten. Dass aber deshalb keiner über sie sprach, weil sie eng verknüpft waren mit der Person unserer Stiefmutter, die das Schweigen des Vaters auf eine so bereitwillige Weise teilte.

Noch will ich der Versuchung widerstehen, dieser Frau persönliche Gedanken zu widmen. Andere Bilder prägen zu stark mein Gedächtnis. So sehe ich mich hinter dem Fenster meines Zimmers stehen, während mein Blick

gebannt auf unseren Innenhof gerichtet ist. Angetan von
der Erscheinung meines Bruders und doch gleichzeitig in
Sorge um ihn, beobachte ich, wie *Amir* sich wieder einmal
gegen den ausdrücklichen Willen unseres Vaters in ausge-
lassenem Spiel mit Sand und angehäuften Steinen bemüht,
den Lauf des Baches in unserem Hof zu stauen. Von der
Sonne gerötet, glänzt sein wohl genährtes, rundes Gesicht,
und die Bewegungen seines muskulösen Körpers lassen
ihn mir trotz seiner sieben Jahre in einer anmutigen Männlichkeit erscheinen. Lange schwarze Wimpern bedecken
wie Schattenspender sein Antlitz und ich bin versunken in
die Schönheit meines kleinen Bruders. In diesem Moment
beginnt der sich in seinem ruhigen Lauf gestörte Bach sanft
zu erheben und sein Wasser flutet gemächlich unseren Hof.
Schnell bin ich in wenigen Sätzen heraus aus Zimmer und
Haus, stehe bereits neben *Amir*, der wortlos meinen be-
schützenden Blick versteht. Im selben Augenblick öffnen
wir in gemeinsamer Anstrengung den künstlichen Damm
und der Bach zieht sein verlorenes Wasser ebenso sanft wieder an sich. Beide Mütter im Haus sind arglos geblieben
und ich atme auf, väterliches Unheil von meinem Bruder
abgewendet zu haben.

Rückblickend betrachtet bin ich überzeugt davon, dass
Amir den Wunsch seines Vaters im Zusammenhang mit
einer verständlichen Begründung durchaus geachtet und
derartige Spiele unterlassen hätte. Aber sich uns gegenüber
erklären, das konnte oder wollte Vater nie. So gerieten seine
Wünsche zu bedingungslosen Verboten, auf die mein kleiner Bruder nur allzu bereitwillig mit Ablehnung reagierte.
Dabei hätten wir Vater zu gerne verstanden. Vielleicht galt
ihm ja das Wasser gerade in unserer Region als ein besonderes Elixier. Vielleicht wusste er, dass es das Prinzip aller

Dinge ist. Vielleicht ging es ihm aber auch nur um das Prinzip der eigenen Ordnung in seinem Haus. Ich weiß es nicht. Erst später wurde mir bewusst, dass Vater *Amir* und mich durch sein eigenwilliges Verhalten ungewollt viel enger zusammenrücken ließ als sonst unter Geschwistern üblich. Mein Bruder war mein Lebens- und mein Leidensgenosse. Wir lachten und wir weinten gemeinsam. Und wenn einer von uns erkrankte, war es um die Gesundheit des anderen geschehen. Als Pferd und Kutsche bezeichnete uns Vater gern und so fühlten wir uns wohl auch.

Führe ich mir nun den gefluteten Bach vor Augen, begreife ich jenes Zitat, wonach aus Wasser alles ist und dass in Wasser alles zurückkehrt. Und ich erinnere mich an die erste Leiche in meinem Leben, dort oben auf dem Dach unseres Hauses.

Kapitel 3

Die Mütter

Hatte sich bereits mit dem Fortgang unserer Mutter das Leben im Kreise der Familie gänzlich verändert, so sollte sich jetzt mit dem Einzug der Stiefmutter unser Dasein noch einmal wandeln. Am stärksten litten *Amir* und ich unter den neuen Alltäglichkeiten, denn unsere jüngste Schwester *Rosi* war noch zu klein, um wahrzunehmen, was die Herzen ihrer Geschwister in unausgesprochenem Einklang beschwerte.

Besonders schlimm hatte es meinen Bruder getroffen, der die eingetretenen Veränderungen von uns Kindern am wenigsten anerkennen wollte und deshalb Vaters neuer Frau noch deutlicher als ich mit Ablehnung begegnete. Kaum eine Tageszeit verging, in der sich die beiden nicht stritten, und kein Abend, an dem *Amir* dafür nicht unter die wilden, zügellosen Schläge unseres Vaters geriet. So hatte er eine schmerzhafte Nachfolge unserer Mutter angetreten. Abermals war ich dazu verurteilt, hilflos diesem brutalen Treiben zuzusehen, und in ohnmächtigem Zorn flüchtete ich in ein hemmungsloses Heulen.

Glaubten wir bis jetzt, die unerträglichen Spannungen im Haus seien nicht mehr zu steigern, so erfuhren wir plötzlich durch die für uns unerwartet eingetretene Schwangerschaft der Stiefmutter einen fatalen Irrtum. *Amir* geriet völlig außer sich und für mich war der sich von Woche zu Woche blähende Bauch dieser Frau ein beständiger Anblick der Abscheu und des Ekels. Vater hatte schon längst kein aufmerksames Auge mehr auf uns. So musste geschehen, was letztendlich passierte.

Es waren die letzten warmen Sommertage des Jahres angebrochen und in meiner Einsamkeit wusste ich nur dem alten Maulbeerbaum gegenüber unserem Hause meine Trauer anzuvertrauen. Auf seinem obersten Ast starrte ich schwermütig in den offenen Himmel und weinte still vor mich hin, wenn mich nicht gerade ein lautstarkes Flennen aus tiefster Seele übermannte. Wurde der Schmerz gar zu mächtig, schlich ich mich heimlich zu Martin. Und wieder war er es, der mir zur rechten Zeit menschliche Nähe und Wärme schenkte, nach der ich doch so gierte. Martin war es auch, der in einem dieser Momente sanft meine Hand ergriff und sie mit einem Bleistift geduldig über das Papier führte. Mit seiner Hilfe lernte ich meinen Namen schreiben. »*Roja*«, erklärte er, »das bedeutet Traum und Phantasie.« In diesem Augenblick liebte ich meinen Namen, fühlte mich von ihm verstanden und dachte an meine Mutter. Der hatte ich wohl dieses Geschenk zu verdanken.

Befreit trat ich den Heimweg an, um sogleich bei meiner Ankunft durch Vater wieder ernüchtert zu werden. Die sichtbare Erregung in seinem Gesicht und der kalte Blick der Großmutter ließen Bedrohliches erwarten. Ich zittere am ganzen Leib und mein Herz schlägt heftig. Noch nie zuvor habe ich die sich zornig in die Höhe schraubende Fistelstimme meines Vaters so schrill vernommen: »Wie oft soll ich dir noch sagen, dass dieser Mann unrein, dreckig, schmutzig ist?«, überschlägt sich seine brüllende Stimme. Bedrohlich schwingt die Großmutter hinter ihm den Schlauch ihrer Wasserpfeife, beschwört immer wieder aufs Neue keifend meine angebliche Dickköpfigkeit. »Was treibst du eigentlich bei diesem Kerl? Sag schon, wann endlich wirst du anfangen, ein Mensch zu werden?« Fassungslos über so viel Ungerechtigkeit zweier erwachsener Menschen, steigt in mir ein grenzenloses Gefühl von Wut und Enttäuschung auf, das mir noch im selben Augenblick den Mund verschließt. Wortlos gehe ich an den beiden vorbei, setze mich an das geöffnete Fenster. Ein schmutziger Regen hat begonnen, die Stadt in ein unansehnliches Gemisch aus Grau- und Brauntönen zu tauchen. Schon beginnen sich die Straßen zu leeren, steigen leichte Dampfschwaden von den Böden auf. Ich betrachte diese Welt da draußen ohne jegliche Regung, schließe das Fenster und schleiche mich die Treppe hinunter. Hier auf der Straße fühle ich mich endlich daheim. Wie befreit laufe ich, so schnell ich kann, am Rande des Asphalts entlang. Den Regen spüre ich nicht.

Unbewusst führte mich mein Weg in die Richtung der Felder. Wie von einer Fessel befreit, sauge ich mit geschlossenen Augen das Parfüm der Natur tief in mich ein. Schmecke den Duft von Blumen und Gräsern, bis mich ein Schwindel erfasst. Und ich denke: Der Himmel über dir und diese riesigen Felder um dich sind zugänglicher als deine Mutter. Sie ändern zwar beständig ihre Farben, sind aber dennoch da. Deine Mutter besaß ein einmaliges Kolorit, doch mit ihrem Abschied nahm sie dir die Farbe deines Lebens.

Durch diesen Verlust sah ich mich dazu verurteilt, künftig mein Dasein allein zu erforschen, glaubte ich für jede Sache einen neuen Namen finden zu müssen und für die Ungerechtigkeit einen Grund.

Es regnete nicht mehr, Anlaß für mich, umzukehren. Die Spuren des Himmels rannen mir durch die Haare, über die Schultern hinweg in mein Kleid. Durchnäßt kehre ich in unser Haus zurück, höre wieder die lauten Stimmen und Schreie, die mir davon berichten, dass *Amir* erneut verprügelt wird. Und zum ersten Mal in meinem Leben bedauere ich aus der Tiefe meines Herzens, nicht die Kraft eines Mannes zu besitzen, um zurückschlagen zu können.

Stiefmutters Bauch aber wächst.

Diese beständig zunehmende Korpulenz war für alle kein gutes Omen. Je mehr wir uns dem Tag der Geburt näherten, umso mehr brachten die beiden Mütter im Haus Vater gegen meinen Bruder auf. Das war eine tägliche und erniedrigende Geschichte, bei der mir *Amir* einem arglos weggeworfenen Stein glich, den man achtlos mit den Füßen tritt.

Stiefmutter beschäftigte sich meinem Vater gegenüber in geradezu aufreizender Art mit den Vorbereitungen ihrer Niederkunft. Jede Bewegung, jede Mitleid erregende Geste von ihr ließ ihn dabei weiter von uns abrücken. Gleichzeitig begann sich der Trotz in den Augen meines Bruders ebenso zu verfestigen wie die durch Vaters Schläge hervorgerufene Rötung in seinem Gesicht. Hilflos sah ich allem zu. Nur *Rosi* spielte unbekümmert mit ihrer Puppe, die Großmutter ihr genäht hatte und die gerade deshalb so hässlich aussah wie sie.

Bald war die Stimmung im Haus an Gereiztheit nicht mehr zu überbieten, der Hass unter uns fühlbar nah. So eskalierte die Situation an jenem Abend, an dem unser Vater nach abgeschlossenen Reparaturarbeiten vom Dach stieg und mit den Worten Großmutters empfangen wurde:»Für wen eigentlich ist das Waisen- und Kinderheim wohl gebaut worden? He, was meinst du?« Verdutzt ließ sich Vater wortlos auf einen Stuhl in der Ecke des Raumes fallen. Mein Rücken schmerzte vor Angst. Großmutter fuhr fort:»Das Waisenhaus ist auch ein Haus für schwer erziehbare Kinder, mein Sohn. Für solche wie die hier, und genau aus diesem Grund sollten wir sie dorthin bringen, und zwar so bald wie möglich.« Eher beiläufig fügt sie hinzu:»Wenn sie wollen, können sie uns ja hin und wieder besuchen.« Wie gelähmt schaue ich meinen Vater an. Meiner Angst ist der Rücken nicht mehr genug. Eine bleierne Spur zieht sich durch meinen zierlichen Körper, würgt mich sanft an der Kehle. Natürlich weiß ich als Kind noch nichts von behördlichen Voraussetzungen, von bürokratischen Regeln, die erfüllt sein müssen, damit kein Vater seine Kinder vor dem Tor eines öffentlichen Gebäudes so einfach abliefern kann wie eine bestellte Ware. Doch Vater erschließen sich in diesem Moment derartige Bedenken nicht. Dagegen lässt sich dieser Despot von der Einfalt herrschsüchtiger Weiber verführen, die eifersüchtig und egoistisch ihre intriganten Fäden spinnen.

Der Nachmittag war kalt, als unser Vater seine drei Kinder wortlos durch die Straßen zerrte, und es gelingt mir nicht, auszusprechen, welche endlose Gedankenkette mich auf diesem langen Weg durch die Stadt begleitete. Kurz vor unserem Ziel tauchte plötzlich ein alter Mann auf und es erschien mir, als habe ihn Gott zur rechten Zeit geschickt. »Was macht ihr hier?«, hörte ich die vertraute Stimme unseres Nachbarn fragen und Vater antwortete ihm leise in einem Ton aus Traurigkeit und Verzweiflung.»Ich will die

Kinder ins Kinderheim bringen.« Daraufhin entstand eine kurze Pause, in der sich unser Nachbar vor mir in die Hocke begab, um in Augenhöhe mit mir mein Kinn behutsam in die Hand zu nehmen. Dabei benetzte eine meiner Tränen seine Finger und er antwortete Vater in ruhigem, eindringlichem Ton: »Sind die Augen eines solch hilflosen Wesens nicht zu schade für ein Heim? Kehre zurück nach Hause. Fürchte dich vor Gott und hoffe auf seine Barmherzigkeit.«

Ohne ein Wort der Erwiderung nahm Vater uns fester an der Hand, und während wir den Rückweg antraten, glühte sein Gesicht vor Scham. Nicht eine Bemerkung war von ihm zu hören und doch wusste ich, dass es in seinem Kopf lärmte, dass er in tosenden Gedanken auf der Suche nach einer Rechtfertigung für sein Handeln war, nach einer Begründung, die ihn vor seinen Frauen daheim nicht das Gesicht verlieren ließ.

In dieser Nacht erfasste mich ein tiefes Gefühl der Zufriedenheit. War ich erleichtert, weil Großmutters Anschlag gescheitert war und für uns jene bedrohliche Angelegenheit ein glückliches Ende genommen hatte? Oder war ich es, weil sich Vater in letzter Minute doch zu uns bekannt und wir damit einen unerwarteten Sieg über unsere Feinde errungen hatten? Ohne eine Antwort abzuwarten, schlief ich ein. Gut, nicht erfahren zu müssen, wie es ist, in einem Kinderheim zu schlafen, dachte ich. In jedem Fall gut war es, nicht fortgeschickt worden zu sein. Davon, dass ich dieses Haus in nicht allzu langer Zeit freiwillig verlassen und im Schutze meines kleinen Bruders weglaufen würde, ahnte ich noch nichts.

Kapitel 4

Annäherung

Sehr viel Zeit ist seit dieser Nacht vergangen. Wieder liege ich in meinem Bett und es ist Mitternacht. Von einem heftigen Stimmengewirr und dem Lärm umtriebiger Schritte bin ich erwacht. Aus Vaters Schlafzimmer trifft mich der entfernte Schein einer Lampe und ich folge dem Blick *Amirs*, der gebannt vor der weit geöffneten Tür steht und das hektische Treiben dort drinnen aufmerksam verfolgt. Ein bewegendes Klagen, Stöhnen und Schreien dringt an mein Ohr und ich erkenne Züge der Zufriedenheit im Gesicht meines Bruders, der sich an den Qualen unserer Stiefmutter weidet. Großmutter, die mit mir die Szene verfolgt, wirft noch im selben Augenblick ihrer Beobachtung die Tür mit lautem Geräusch ins Schloss. Nicht ohne einen lautstarken Fluch für *Amir* bereitzuhalten.

Behände springe ich von meinem Lager auf, will nun selber wissen, was im Schlafzimmer unseres Vaters vor sich geht, und schaue neugierig durch das Schloss der gerade kraftvoll zugeworfenen Tür. Im matten Schein der Lampe erkenne ich Stiefmutter, hingestreckt und verschwitzt, von Wehen sichtbar geschüttelt, und ihr fühlbarer Schmerz dringt klagend an mein Ohr. Für einen Augenblick fällt aller Hader, alle Missgunst und Bitterkeit gegenüber dieser Frau von mir ab und ich empfinde ein aufrichtiges Mitleid mit ihr. Spüre auch vage ein erstes frauliches Erwachen und einen weiblichen Instinkt, der meinem Bollwerk erste flüchtige Risse versetzt.

In dieser Nacht brachte Vaters zweite Frau einen Sohn zur Welt, nachdem sie ihm bereits zuvor mit *Mehri* eine Tochter geschenkt hatte. Und mein Gedanke an diese süße, lebendige Puppe ließ vor dem Hintergrund des gerade Erlebten zu, dass sich für die Länge eines Atemzuges in meinem Herzen Hass in Liebe verwandelte.

Nach der Geburt seines zweiten Sohnes entschloss sich Vater zu einem Umzug. Der Winter hatte gerade Einzug gehalten und ich verstand überhaupt nicht, warum wir unser Haus aufgeben sollten. Schließlich war uns dieses Heim ein Ort der schönsten Erinnerungen und damit eng ans Herz gewachsen. Zunächst hoffte ich, mein Vater würde seinen Gedanken wieder verwerfen, und so sprach ich mit meiner Freundin *Golli* darüber, die mit mir inzwischen gemeinsam die dritte Schulklasse besuchte. *Golli* war ein besonders hübsches Mädchen mit auffällig großen Augen und einer breiten weißen Schleife im hellblonden Haar. In meinem Herzen besaß sie als meine Vertraute einen ganz besonderen Platz und ohne sie wäre mir der Gang in die Schule nicht so leicht gefallen. *Golli* ließ sich die Absichten meines Vaters erklären, fragte, wie ich zu ihm und meiner Stiefmutter stünde und ob ich eigentlich Angst vor meinem Vater hätte. Ich antwortete ihr, eigentlich keine richtige Furcht vor ihm zu besitzen, und *Amir*, der zu uns gestoßen war, rief: »Unsere Stiefmutter ist böse, *Golli*. Glaube mir, sie ist eine wirkliche Hexe.« »Nein«, entgegnete ich entrüstet, »*Amir*, das ist nicht wahr.« »Es ist doch wahr«, beharrte mein Bruder, »ihr Bauch wächst immer und immer wieder aufs Neue. Unerträglich ist das.« »Aber dafür kann sie doch nichts. Die Sünde geht doch von unserem Vater aus. Er schläft nur deshalb mit ihr, weil unsere Mutter für ihn nicht mehr da ist«, und ich begriff plötzlich, warum Vater die

Stiefgeschwister uns Erstgeborenen so oft vorzog. »Gott ist gut«, gab ich leise zu bedenken. »Unsere Qualen werden nicht von ihm gemacht, sondern allein von uns Menschen. Auch unsere, *Amir*. Und genau deshalb gibt es keine Hexen.« Mein Bruder verstummte, und *Golli* und ich saßen da, hielten uns einträchtig die Hand und ließen einem sinnlichen Strom mädchenhafter Tränen seinen Lauf.

Kurze Zeit später wechselten wir das Haus. *Golli* schien nun für mich unerreichbar. Der alte Maulbeerbaum und der vertraute Blick aus meinem Zimmer waren für immer meinen Augen entzogen. Oft beweinte ich die jetzt vereinsamten Regenwürmer am Wasserlauf unseres Innenhofes und ich litt unter Martins Ferne. Zudem konnte ich mich nicht heimisch machen in dem neu gebauten Haus, dem der Duft und das Wesen meiner Mutter fehlte. Ich blieb in ihm eine Fremde.

In dem neuen Viertel war alles anders. Die Gebäude besaßen eine mir bis dahin nicht gekannte Form und die Bäume hier wirkten auf mich, als würden sie schlafen. Nur hin und wieder knackte es in ihren von Schnee überladenen Ästen, so als wollten sie mir Neuankömmling etwas Geheimnisvolles anvertrauen. Und ich dachte, wie ruhig hier alles sei und wie unberührt der Schnee auf den Plätzen. Keine ausgelassenen Kinder waren zu sehen und wehmütig weilten meine Gedanken bei den früheren Freundinnen und Spielkameraden. Hier hätten wir für unser gemeinsames Spiel genügend Platz besessen.

Mit der Schneeschmelze kam der ersehnte Frühling und für mich völlig unerwartet *Golli*, denn am Ende unserer Gasse zog eine neue Familie ein. Ich traute meinen Augen nicht.

Dieser neue Nachbar war kein Geringerer als *Gollis* Vater, und schon während sich seine Familie einrichtete, drückte ich wieder die Hand meiner besten Freundin. Erneut weinten wir, aber diesmal geschah es aus reiner Freude.

Kapitel 5

Veränderung

Stiefmutter hatte erneut geboren und ich dachte, wenn sie wieder niederkommt, was wird dann wohl passieren? Aber sie gebar wieder und nichts geschah. Nur die Unachtsamkeit des Vaters schien zuzunehmen. Der hatte schon wieder unser Haus verkauft und war mit uns allen abermals umgezogen. So wurde ich erneut von Golli getrennt und mir war, als sollte es mein Schicksal werden, mich an keinen dauerhaften Zustand im Leben gewöhnen zu dürfen.

Diese Erkenntnis versetzte mich in eine unendliche Tristesse, und in meinen einsamen, schlaflosen Nächten schwärzte ich die Blätter meiner Verse. Bereits seit dem elften Lebensjahr schrieb ich für mich Gedichte, in denen ich meinen Beobachtungen und Gefühlen eine eigene Welt erschuf. In der Schule liebte ich die Stunden des Aufsatzschreibens und es gefiel mir, dass meine zu Papier gebrachten Fantasien bei den Kindern meiner Klasse Aufmerksamkeit erweckten. Daheim jedoch achtete niemand auf mein Schreiben.

Vielmehr wandte sich Vater laufend mit verächtlichen Worten gegen mich, sprach davon, dass ich verrückt sei, und verletzte mich damit immer wieder aufs Neue. Von meinen blütenhaften, fein gesponnenen Gefühlen ahnte er nichts. Wie groß war doch mein Bedürfnis, mich diesem Vater mitzuteilen, wie stark mein Wunsch, seine Aufmerksamkeit zu erringen. Doch mit welchen Worten konnte dies geschehen? Wie sollte ich Vater meinen Wunsch nach seiner Zuneigung verständlich machen? Von ihm geliebt werden wollte ich um meiner selbst Willen, nicht wegen irgendwelcher ihm gefälligen Taten, nicht einmal aus dem Anlass, den unsere Religion ihm als Vater auferlegte.

Dabei hatten der Wert guter Taten und die Religion im Leben meines Vaters durchaus ihren Platz. Auf Grund eines abgelegten Gelübdes lud er einmal im Jahr Freunde, Bekannte und Nachbarn in unser Haus, um mit ihnen gemeinsam ein opulentes Festmahl zu feiern. Schon damals war mir bewusst, dass er dies nur tat, um sich durch derart wohlwollende Gesten ein besseres Dasein im jenseitigen Leben zu sichern, an das er im Übrigen fest und unerschütterlich glaubte.

In der Dämmerung des Morgens, noch bevor sich das Haus mit Gästen füllte, wurde ein Lamm geschlachtet. Unmöglich war es mir, beim unbarmherzigen Schächten zugegen zu sein. *Amir* berichtete mir später, wie der armen Kreatur bei vollem Bewusstsein die Kehle durchschnitten wurde, damit es vollständig ausbluten konnte, wie jenes Jungtier nach dem tödlichen Stich seinen Kopf wild um sich warf, ihm brutal die Haut abgezogen und sein Bauch aufgerissen wurde, um ihm mit bloßen Händen qualvoll seine Innereien zu entreißen. All das schilderte mir mein Bruder in eindringlichsten Worten, nicht ohne daran zu erinnern, dass es im Namen der Religion geschehe.

An der anschließenden gemeinsamen Mahlzeit konnte ich nicht teilnehmen. Es war mir einfach nicht möglich, nur einen Bissen hinunterzuwürgen, und noch Wochen danach hatte ich *Amirs* plastische Darstellung und mit ihr den Kopf des geschundenen Lammes vor Augen. So also, dachte ich, sehen die Wohltaten deines Vaters aus, durch die er sich ein besseres Leben nach dem Tode erkauft. Und ich fragte mich, ob sie wohl ausreichen würden, das Unrecht zu tilgen, das er meiner Mutter zugefügt hatte.

Um mich von dem Bild des gemarterten Tieres vor meinem inneren Auge endgültig zu befreien, erkundigte ich mich bei *Amir* in einer meinem Alter sicher nicht angemessenen Einfalt, ob die Schlächter vielleicht dem Bauch des Lammes neben dem Gedärm auch dessen Sorge und Kummer entrissen hätten. Mein Bruder antwortete mir, dergleichen bei keiner Schächtung erblickt zu haben, und mit dieser Auskunft tröstete ich mich. Sah ich mich doch fortan darin bestätigt, dass das Lamm in einem Zustand des Glückes seinen Tod empfängt.

Dieser Winter schaute uns nicht mehr an wie in der Welt meiner Kindheit. Es schneite selten und wenn, dann tänzelten die Flocken in einer trägen Bewegung zu Boden, als wollten sie den Blick ihres Betrachters einschläfern. Inzwischen hatte mein Körper Kontakt mit den Wirkungen der Pubertät aufgenommen. Schließlich war es meinen ersten dreizehn Lebensjahren gelungen, mich zu einem großen und schlanken Mädchen heranwachsen zu lassen.

Es war die Zeit der Revolution, in der sich unser Volk gegen die Obrigkeit in der Person des Schah *Reza Pahlewi* auflehnte. In den Straßen kam es zu Ausschreitungen und überall sprach man von großen gesellschaftlichen Veränderungen, von einer besseren Zukunft, von größerer Gerechtigkeit und anderen Dingen mehr. Täglich nahmen die Unruhen zu, bis alle Schulen geschlossen wurden und der Schah das Land verließ.

Als der Schah ging, nahm er nicht nur seine Familie, sondern auch die Existenz aller lebenden und künftigen Frauen unseres Landes mit. Mit dem in das Exil vertriebenen Monarchen gingen die Frauen. Heute bewegen sich im Iran anonyme Wesen des weiblichen Geschlechtes und ich hoffe inständig, dass es irgendwann möglich sein wird, dieser Gesellschaft ihre weiblichen Wurzeln in all ihrer Lebendigkeit zurückzugeben.

Vier Monate später öffneten die Schulen wieder, doch waren unsere besten Lehrer von der neuen Obrigkeit bereits entlassen. Eine unterschwellige Unruhe beherrschte die Lehranstalten. Überall wurden die Bilder des Schah entfernt und durch das unseres neuen Führers Khomeini ersetzt. Vom einfachen Gemüsehändler bis hin zum Parlamentarier redeten alle plötzlich unaufhörlich über Politik. Und ich unreifes Ding dachte mir, dass die Flucht des Schah mit dem Abschied meiner Mutter vergleichbar sei. Mit dem Unterschied, dass ihr Fortgang nur unser Haus in Unruhe gestürzt hatte, der des Schahs aber den ganzen Iran in Schrecken versetzen würde.

Pubertätsträume und mädchenhafte Gefühle hatten in dieser bewegten Zeit nicht viel Platz in meinem Kopf. Der hielt sich zwischenzeitlich mehr an die Bücher, denn die waren es, die mich verstanden, meine Gedanken lenkten, meine Sprache formten und mich dabei mitnahmen in eine sinnvollere Welt. Jetzt ging ich mit *Fariba* in die Schule und sie war es, der ich eines Tages auf dem Wege dorthin im Vertrauen verriet: »Weißt du, ich will einmal einen Ehemann haben, der Künstler ist und zugleich Literat.« »Tauche lieber wieder aus der Welt deiner Bücher auf, *Roja*«, empfahl mir meine Cousine und fügte lachend hinzu, »ich hoffe für dich, dass jemand wie dieser Hafez um deine Hand anhält.« Ich aber rief: »Eigentlich möchte ich, dass mich ein Mann mit Kind zur Frau nimmt. Dann nämlich werde auch ich eine Stiefmutter sein und kann allen beweisen, dass Stiefmütter mit den ihnen anvertrauten Kindern auch liebe- und verantwortungsvoll umgehen.« *Fariba* schwieg und biss sich auf die Unterlippe. Das war ihr Zeichen, nachdenklich zu sein.

Die Sonne breitet sich aus in unserem Wohnzimmer, durchflutet den Raum mit ihrem warmen Licht. Großmutter sitzt auf ihrer selbst genähten Essdecke und putzt Reis. Schwärmerisch berichtet sie uns von ihrer Jugend und ihrer unvergleichlichen Schönheit. Großmutter beschreibt alles in einer gegenwartsähnlichen Art, so als hätte ihr das bisherige Alter nichts von ihrer damaligen Anmut nehmen können. Ich schaue sie an und erblicke nur eine hässliche Alte, um deren Hand niemand mehr anhalten wird. Sie selber aber sieht sich in langen glänzenden Haaren, in edlem Faltenrock und Schuhen mit hohen Absätzen, als erwarte sie jeden Moment ihren Verehrer. Ich bin nicht in der Lage, ihr zu erwidern.

Rosi hingegen hört Großmutter aufmerksam zu. Plötzlich und für mich völlig unerwartet verliert sie ihr Gleichgewicht und fällt bewusstlos kopfüber in den vor ihr angehäuften Berg gerade gesäuberter Körner. Schnell springe ich auf, um meine ohnmächtige Schwester aus dieser Ansammlung von Reis zu befreien. Die in ihrer Schönheit schwelgende Großmutter hat sich nicht einmal bewegt. Wie von Gott herbeigerufen, erscheint in diesem Moment unser Vater im Zimmer. Aus Rosis Mund quillt weißer Schaum und uns allen ist klar, dass wir sie schnell ins nahe gelegene Krankenhaus bringen müssen. Dort werden ihr Medikamente gespritzt, die sie wieder ins Leben zurückholen und wir atmen erleichtert auf.

Am folgenden Tag war der Körper meiner kleinen Schwester von großen und kleinen Ekzemen gezeichnet. Welche Krankheit Rosi tatsächlich erlitt, die in jenem Moment zum Ausbruch kam, weiß ich bis heute nicht. Aber ihre Genesung benötigte eine Zeit von über drei Monaten, in der ich täglich ihre Wunden reinigte und sie umsorgte. Keiner wusste besser als ich, unter welchen Qualen sie litt.

Nach ihrer Genesung blieb Rosi durch die Narben auf ihrer Haut für Monate gezeichnet. Doch selbst in dieser Zeit büßte sie für mich ihre Schönheit nicht ein. Eine Schönheit, die meine träge Großmutter nie besaß, mochte sie noch so jung gewesen sein.

Kapitel 6

Zuflucht

Mein Tod

Regentropfen, fallt sanft auf dies Blatt
und wascht meine Gedichte rein.
Nehmt auch meine Asche fort,
denn verbrannt bin ich.
Und soll ich doch überleben,
mag der Wunsch meines Sterbens
ein Geheimnis bleiben.
Gehe ich aber von dieser Erde,
ganz ohne Tränen,
mag es regnen
für die Blumen, für diese Erde, für meine Welt,
denn ich will nicht,
dass mein Grab dürstet,
vielmehr, dass sich meine Erinnerung
hierhin begibt.
Halte die Erde meines Grabes frisch, mein Tod,
um mich neu zu erwecken,
obwohl es mein Wunsch ist,
in dir zu sein.

Roja

Trat meine Heimat in eine Phase umwälzender Veränderungen ein, so vollzog sich zeitgleich in meinem Inneren ein ähnlicher Prozess. Doch während für den Iran die Umformung einen politischen Ursprung besaß, orientierte sich meine eigene an rein biologischen Regeln. Mein Wesen hatte zwischenzeitlich eine starke Neigung zum Schwärmen angenommen, dabei meine Gefühlswelt in einen sinnlichen Aufruhr versetzt, sodass die Gedichte, denen ich fortan meine sensitiven Regungen anvertraute, noch an Eindringlichkeit und Dichte gewannen. In der westlichen Welt hätte man mich Halbwüchsige spätestens jetzt verständnisvoll einen Teenager genannt. So, als habe man ihr verordnet, die Existenz des Außergewöhnlichen unserer Wachstums- und Reifejahre zu ignorieren.

Tatsächlich fühlte ich mich in diesen Wochen gerade von den Erwachsenen meiner Familie allzu oft unverstanden, häufig brüskiert, ja bisweilen verfemt. Hier erinnere ich mich an meine Lieblingssängerin *Googusch*. Ihre Lieder übten einen ganz besonderen Reiz auf mich aus, sprachen doch ihre Texte und Melodien meine Gefühle direkt und unmittelbar an. So war es mir wichtig, alle ihre Bilder, die ich in meinen Besitz bringen konnte, in einer persönlichen Sammlung sorgsam zu verwahren. Mehr als zwei Jahre hatte ich damit zugebracht, die unterschiedlichsten Porträt meines Idols in ein besonderes Album zu kleben und mit selbst verfassten Versen zu illustrieren. Wie groß war mein Entsetzen, als mir Großmutter eher beiläufig und in einem aufreizend teilnahmslosen Ton erklärte, sie habe dieses Album entdeckt und wegen seines Inhaltes im Brotofen unserer Nachbarin verbrannt. Ich war gerade von der Schule heimgekommen und ihr in unserem Innenhof begegnet. Genüsslich sitzt sie am Rande des Wasserbeckens, taucht ihre Hände und Füße in das wohlige Nass und erwartet mit herausforderndem höhnischem Blick meine Reaktion. Wortlos und für sie viel zu schnell bin ich auf den Beinen, renne, was die Lunge hergibt, in völliger Panik ins Haus. Hier außer Atem angekommen, schlägt mir das Herz nicht allein wegen der körperlichen Anstrengung bis zum Hals. Verängstigt nehme ich zwei Stufen auf einmal, haste unser Treppenhaus empor, stolpere und stürme zugleich in mein Zimmer. Zu spät: Der Schrank ist geplündert, mein Schatz geraubt. Großmutter hat die Wahrheit gesprochen. In meinem Herzen spüre ich ein Brennen von bisher nicht gekannter Stärke und wieder einmal sehe ich für mich keinen anderen Ausweg als die Flucht auf das Dach unseres Hauses, das schon so oft meinem Schmerz und meiner Einsamkeit bereitwillig Zuflucht gewährte. Hier erst lasse ich meinen Tränen ihren freien Lauf, erhebe dabei stolz meinen Kopf und suche unseren Gott. Hier oben hoffe ich, seine Nähe zu spüren. Wie einst in den Nächten meiner Kindheit, als wir noch einen Blick für die Sterne besaßen, die wir uns untereinander großzügig schenkten.

Die Nacht hatte es nicht leicht, mich einzuschläfern und einem gesunden Schlaf zuzuführen. So verbrachte ich in unruhigen Träumen nur wenige ihrer Stunden. Eindringlich bleibt mir der Moment meines Erwachens in Erinnerung. Ich schlage die Augen auf und nehme im selben Augenblick in mir deutlich einen Korangesang wahr. Und während ich dabei durch das Fenster den Himmel beobachte, wie er sich langsam aus der Morgendämmerung schält, bedrückt mich ein schwerer Atem, denn ich spüre, dass mich der Mangel an Schlaf unfähig macht, meinen Gefühlen eine Orientierung zu geben.

Plötzlich drängt es mich, dieses Haus sofort zu verlassen. Sobald es möglich ist, will ich zur Schule aufbrechen. Niemandem kann ich jetzt in diesen deprimierenden Mauern begegnen und ein nur mühsam zu unterdrückendes Schluchzen hindert mich daran, innere Ruhe zu finden. Seitdem man mir meinen eigenen Willen genommen hat, besitze ich diesem Haus gegenüber keinerlei Achtung mehr. Nicht die Rede ist für mich von den Erniedrigungen eines qualvollen Tages, nicht von der Unerträglichkeit einer einzelnen Woche. Nein, ich spreche zu mir von der Anhäufung viel zu vieler Jahre, in denen meine keimende Persönlichkeit mißachtet und zertreten wurde. Und ich spüre deutlich, dass ich es nicht mehr aushalten werde in dieser mich niederdrückenden Atmosphäre.

Großmutter sitzt auf dem Gebetsteppich, hält ihren Rosenkranz in der Hand und beobachtet verschlagen aus der Tiefe ihrer Augenwinkel heraus meine Niedergeschlagenheit und meinen Unmut. Voller Abscheu höre ich ihre Stimme: »Wozu soll das Sammeln von Bildern dieser Sängerin gut sein, *Roja*? He, sage mir, was soll der Unsinn, den du da aufs Papier bringst? Ist das eine ordentliche Beschäftigung für ein Mädchen wie dich? Daraus wird weder Wasser noch Brot. Denke viel lieber daran, im Koran zu lesen und zu beten. Ich rate dir dringend, lies in ihm wenigstens täglich zwei Verse und besuche am besten dazu noch einen Nähkurs.« Oh Gott, ich wollte doch nur meine Schuluniform anziehen und nun muss ich dieser widerwärtigen Greisin und ihren unsinnigen Worten begegnen.

Schnell suche ich wieder mein Zimmer auf. Wie ein Tier, das man in einem viel zu engen, verschlossenen Käfig hält, durchmesse ich in unruhigen Schritten den Raum. Jetzt zeigt die Uhr bereits die siebte Morgenstunde an. Hunger verspüre ich keinen, nur den Drang, rasch diese unsäglichen Räume hinter mir zu lassen. So mache ich mich endlich auf den Weg. In der Küche höre ich die Stimme des Vaters:»Frühstückst du nicht?« Ich antworte ihm nicht, gehe einfach wortlos an ihm vorüber. Schon habe ich die Mitte unseres Hofes erreicht, da ist es mir, als hielte mich eine magische Kraft zurück. Ich verharre, drehe mich um, stehe wenige Augenblicke später wieder in unserem Haus. Hier blicke ich plötzlich in eines unserer Waschbecken, stecke wie von unsichtbarer Hand geführt die dort liegen gebliebene Rasierklinge blitzartig in die Tasche meiner Schuluniform und verlasse fluchtartig das Badezimmer.

In jenem Augenblick keimte kein Wunsch mehr in mir. Die Sehnsucht nach meiner Mutter hatte sich erschöpft und ein Gefühl grenzenloser Traurigkeit griff lähmend nach meinen Gliedern.

Noch sehr deutlich sehe ich diesen unseligen Tag vor mir, so als lebte ich immer noch in ihm. Die erste Unterrichtsstunde hatte bereits begonnen und mit ziellosem, leerem Blick schaute ich unseren Lehrer an. Zudem war ich wortlos geworden gegenüber all meinen Freunden, von denen ich annahm, dass sie den Einsturz meines Seelengerüstes ohnehin nicht verstanden. Heute bin ich davon überzeugt, dass ich in jener Stunde die vollständige Kontrolle über Geist und Körper verlor. Ohne um Erlaubnis zu bitten, erhebe ich mich von meinem Platz und verlasse den Raum, der mir nicht mehr ausreichend Luft zum Atmen lässt. In der Toilette befindet sich außer mir kein weiterer Schüler. Hastig ziehe ich aus meiner Tasche die Rasierklinge hervor, die schnell und zielsicher ihren Weg findet. Der Schnitt verwandelt die Hand in eine zarte Fontäne und schon bespritzt mein Blut Tür und Wand der Kabine. Die beginnt mich im gleichen Atemzug zu beengen. So schnell wie möglich will ich heraus hier, denn sterben kann und will ich nicht an einem Ort menschlicher Notdurft. Schleichend erreiche ich den Hof. Und nun geschieht alles in einer Geschwindigkeit, die mein Erinnerungsvermögen überfordert. Schon spüre ich, wie meine Füße taub werden, sich meinem Blick die Konturen entziehen und aus dem Hintergrund eine Mattigkeit dem Körper das Leben raubt. Dass ich plötzlich strauchele, in mich zusammensinke und zu Boden falle, nimmt mein Gedächtnis schon nicht mehr wahr.

Das Letzte, was mein verschwommener Blick undeutlich erkannte, war eine auf mich zueilende Person. Als ich die Augen wieder öffnete, befand ich mich bereits im Krankenhaus, und die ersten Gedanken, die mir wild im Kopf herumsprangen, lauteten: Oh, mein Gott, warum nur lebe ich noch? Was passiert mit mir, wenn die Geschichte dein Vater erfährt? Aus Angst vor seinem herrischen Wesen kamen mir erneut die Tränen, bis endlich eine freundliche Stimme meinen Schmerz unterbrach. »Meine Liebe, was hast du getan? Erkennst du mich?« Dieser tröstende Tonfall war der erste, der mich nach den Gesprächen mit Martin erreichte. Und sofort begriff ich. »In Gottes Namen«, flehte ich unsere Schulleiterin an, »erzählen Sie nichts meinem Vater.«

Nachdem mein Handgelenk genäht und mit einer Bandage umwickelt ist, nimmt die Schulleiterin mich mit in ihr Haus. Dort erhole ich mich von den ersten Eindrücken meiner Katastrophe, bevor ich zur üblichen Nachmittagsstunde meinen Heimweg antrete, um meiner Familie den Eindruck zu vermitteln, als käme ich direkt von der Schule.

Doch meine Ankunft bleibt unbemerkt, und als ich wenige Minuten später mein bleiches Gesicht im Spiegel betrachte, bekomme ich ganz plötzlich Angst vor meiner eigenen Gestalt. Meine größte Befürchtung besteht darin, es könne mir nicht gelingen, meine Verletzung vor den Augen der Familie zu verbergen. Sogleich ziehe ich meine Schuluniform aus und wähle eine neue Bekleidung. Die besonders langen Ärmel werden mich schützen.

Erst zum gemeinsamen Abendessen verließ ich mein Zimmer, spürte bei jedem meiner Schritte die Schwäche, die sich zwischenzeitlich meines Körpers bemächtigte. Bislang hatte niemand mitbekommen, wie es mir ging und welches Geheimnis mich umgab. Und zum allerersten Mal war ich froh und erleichtert zugleich über die Unachtsamkeit meiner Familie. Sehr früh ging ich zu Bett und fragte mich, warum ich wohl heute vor dem Tode Rettung gefunden hatte. »Wollte mir Gott ein Zeichen senden?«

Der Abend hatte seine erste späte Stunde erreicht, als sich die Glocke an unserem verschlossenen Haustor lautstark Gehör verschaffte. Sogleich zitterte mein Herz in der Brust. Gleichzeitig vernahm ich, wie Vater kraftvoll die Tür entriegelte. Von einer inneren Unruhe und Ahnung getrieben, öffnete ich um einen Spalt behutsam das Fenster und vernahm sogleich die Stimme einer entfernten Verwandten unserer Stiefmutter. Wortfetzen drangen an mein Ohr, die von Kindheit und Naivität sprachen. Und plötzlich hörte ich Vaters irritierte Stimme: »Vielleicht hat sie ja aus Leichtsinn irgendetwas in der Schule erzählt, aus dem die Kinder gleich ein Gerücht machen. Nein, ihr geht es wirklich gut. Keine Sorge. Danke.« Damit schloss sich wieder das Tor. Die Schwätzerin verabschiedete sich und ging.

In nur wenigen meiner Atemzüge überwindet nun Vater mit seinen hörbar kräftigen Schritten die Stufen des Treppenhauses. Schon wird die Tür zu meinem Zimmer aufgerissen und die Deckenlampe erhellt. In mattes Licht getaucht, baut sich mein Vater mit lautstarker Stimme drohend im Eingang auf:»Steh gefälligst auf. Ich will sehen, was man euch heute in der Schule beigebracht hat.« Voller Jähzorn stürzt er sich auf mich. Schnell vereinigen sich in einem wilden Gemenge seine und meine Hände mit denen der Stiefmutter, die wer weiß woher ebenso schnell den Weg in mein Zimmer gefunden hat. Schon prügeln vier Hände und Füße unkontrolliert auf mich ein. Und obwohl mir der Blutverlust des Tages wertvolle Kräfte entrissen hat, erwächst mir plötzlich eine ungeahnte Energie. Mit der Kraft eines bis dahin nie erlebten Zornes entwinde ich mich den Schlägen der beiden, reiße mir ruckartig den Ärmel des Hemdes hoch und präsentiere ihnen triumphal in einer fast heldenhaften Gebärde meine Wunde.»Nein, es ist kein Gerücht«, höre ich meine Stimme in einem viel zu schrillen Ton rufen.»Ich wollte tatsächlich Selbstmord begehen. Schaut, ich habe mir die Pulsader aufgeschnitten. Seht her, ich wollte sterben, aber man hat mich leider gerettet. Von euch wollte ich mich befreien, euretwegen habe ich mich umbringen wollen, um endlich meiner Mutter folgen zu können, denn unter euch leben kann ich nicht mehr!« Vater weicht irritiert ein paar Schritte von mir, betrachtet mich sichtlich fassungslos und verlässt dann ohne ein gesprochenes Wort, so eilig wie er gekommen ist, mein Zimmer. Stiefmutter folgt ihm. Nicht ohne uns wissen zu lassen, dass dies für sie das Ende der Welt bedeute.»Unglaublich«, höre ich sie zetern,»was um Gottes willen hat ihr denn gefehlt bei uns, dass sie meint, sich umbringen zu müssen? Was bloß hätten die Leute erzählt, wäre es ihr auch noch gelungen? Wir hätten doch unser Gesicht verloren.« Und ich denke mir: Mein Tod hat keinerlei Bedeutung für euch. Angst habt ihr allein um eure so fragwürdige Ehre.

Keine rechte Antwort fand ich danach auf die Frage, warum Gott mich an diesem Tage nicht zu sich kommen lassen wollte. Und im Andenken an das beseelte Lamm, das sich immer bereitwillig den guten Taten meines Vaters opferte, schuf ich mir eine ganz eigene Erklärung: Jedes Wesen kann nur an dem Orte sterben, an dem es glücklich ist.

Kapitel 7

Moral

In den folgenden Wochen hatten sich meine Geschwister und ich mit den häuslichen Verhältnissen, so wie sie nun einmal beschaffen waren, mehr oder minder abgefunden. Wir suchten keine Schuldigen mehr, fragten nicht nach Gründen. Dass wir auch ohne unsere leibliche Mutter groß wurden, lag für uns einfach daran, dass die Tage vergingen.

Amir war ruhiger geworden und stritt nicht mehr mit der Stiefmutter. Er hatte aufgegeben, was ihm sein geschundener Körper dankte. Damit schwand allerdings auch bei meinem Bruder die Bereitschaft, in der Schule etwas zu lernen. Rosi verschloss sich zunehmend und hatte plötzlich für sich den Reiz des Selbstgespräches entdeckt. Und ich? Ich besaß das Gefühl, immer mehr in die Welt meiner Empfindungen einzusinken.

Keinerlei Interesse hatten wir an unseren Stiefgeschwistern. Eine leichte Sympathie verband mich lediglich mit *Mehri*, der Ältesten, für die ich zwischenzeitlich eine gewisse Ersatzmutter geworden war, seitdem sich ihre eigene laufend mit Schwangerschaften beschäftigen durfte.

Die finanzielle Lage meines Vaters hatte sich deutlich verbessert, ohne dass dies auf sein herrisches Auftreten uns gegenüber einen positiven Einfluss gehabt hätte. Sein despotisches Verhalten stand für mich weiterhin in einem rätselhaften Widerspruch zu den ständigen Gebeten, Gelübden und Spenden. Nur sein Fasten machte mir Sinn.

Und so fragte ich mich ernstlich, ob denn Gott wohl tatsächlich all diese Wohltaten unserem Vater vergelten würde.

Jene Reflexion führt mich unweigerlich an den Ort der Trauerfeier für meinen verstorbenen Großvater. Auch dessen Lebensführung hatte für mich etwas Zweifelhaftes besessen, was meine Gefühle über seinen Verlust in überschaubaren Grenzen hielt. Und ich überlegte im Kreise all der hier Trauernden, wie schön es doch für meine Mutter wäre, könnte sie jetzt unsere unwiderrufliche Befreiung von dem Toten miterleben. Während der Beisetzung erinnerte ich mich an die Schläge, die sie nicht nur von seinem Sohn empfangen hatte, und fragte mich nun, auf welche Weise wohl gleich die Hüter des Paradieses diesen Leichnam hier in Empfang nehmen würden. Wie klein doch die Welt und wie kurz das Leben war. Das hielt aber viele der Menschen offensichtlich nicht davon ab, unvergänglich zu denken. Schlechte Charaktere und der Hang zum Bösen waren mir allgegenwärtig. Hier handelte es sich um Dinge, die ich mit meinem jugendlichen Gemüt nicht zu erfassen verstand.

Amir, der still und zurückgezogen in einer Ecke des Friedhofes stand, beobachtete aufmerksam die vor ihm ausgebreitete Szene. Sein Gesicht offenbarte mir Spuren von Genugtuung und tiefer Zufriedenheit. Keine Spur der Trauer hatte sich in seinem Blick verfangen. Als sich unsere Augen trafen, kam er leise auf mich zu und flüsterte mir ins Ohr: »Ich hoffe, Gott nimmt auch einmal Rache an unserer Stiefmutter«. Ich nahm die Hand meines Bruders und flüsterte: »Wir selber müssen richtig und korrekt leben, damit wir bei unserer eigenen Beerdigung keine schlechten Gedanken in den Köpfen der Menschen zurücklassen.« *Amir* schaute mich verständnislos an. Keine Gnade konnte ich in ihm erblicken.

Kapitel 8

Aufbruch in ein neues Leben

Bei uns waren die Vorbereitungen auf das bevorstehende Neujahrsfest bereits in vollem Gange und ich aus diesem Grunde emsig mit den mir übertragenen Reinigungsarbeiten im Hause beschäftigt. Plötzlich vernehme ich Stimmen, die meinen Namen nennen und den Besuch des *Khastegar* ankündigen. Neugierig bin ich, welche Familie diesmal den Brautwerber schickt. Drei Tage später wird meine Neugier gestillt. Mit ihm zu Besuch kommen die Angehörigen einer besonders angesehenen und adligen Familie. Mein Vater fühlt sich geschmeichelt, dass es gerade seine älteste Tochter ist, die dem Sohn eines pensionierten Obersten gefällt. Erschienen sind der Bräutigam mit Mutter, Tante und Schwägerin. Die Unterhaltung ist schon eine geraume Zeit fortgeschritten, da werde ich mit Tablett und Teegeschirr zur Bewirtung der Gäste in den Raum geschickt. Schon bei meinem Eintritt bemerke ich die Unsicherheit meiner Stiefmutter, die sich redlich bemüht, sich nach dem Regelwerk guter Manieren formgerecht zu verhalten. Augenblicklich verstummt das Gespräch. Verschüchtert wende ich mich zunächst der anwesenden Gastmutter zu, die mir lächelnd die gefüllte Tasse aus den Händen nimmt. Dabei treffen sich ihr warmherziger und mein unsicherer Blick. Für einen Moment erfasst mich ein Gefühl innerer Ruhe, die sich aber schlagartig wieder verflüchtigt, als sich eben diese Handlung mit ihrem Sohn wiederholt. *Shahram* betrachtet mich zurückhaltend und doch mit einer für mich wahrnehmbaren Begierde. Ich kenne den taxierenden Blick dieses großen, hellhäutigen jungen Mannes mit seinem üppigen Blondschopf nur zu gut, begleitet er mich doch bereits seit Wochen auf meinem täglichen Weg in die Schule. Sein schön geschnittenes Gesicht gefällt mir. Gleichzeitig aber lehrt mich mein Instinkt, dass hier jemand sitzt, dem ich im Angesicht meiner Familie schutzlos ausgeliefert werden soll, jemand, der von mir Besitz ergreifen will. Dabei bin ich doch noch auf der Suche nach mir selbst.

Es war der siebente *Tir*, der erste Monat unseres Sommers, angebrochen, als sie mich in meinem strahlenden Hochzeitskleid unter Jubel und Lärm in den Hof meiner künftigen Schwiegereltern führten, dem zuvor einfallsreiche Hände das Aussehen eines üppigen Gartens verliehen hatten. Sehr viele Gäste waren erschienen, von denen bereits einige der jüngeren zu tanzen begonnen hatten. Unter ihnen erblicke ich *Fariba*, meine Cousine, und ihre unbeschwerte Ausgelassenheit erinnert mich an unsere gemeinsame Kindheit. Damals liebten wir zwei besonders das Spiel von Braut und Bräutigam, wobei *Fariba* immer besonders gern die Rolle der Braut übernahm. Um uns herum hatten wir Kinder gesammelt, die das feierliche Lied vom »großen Fest« sangen, während meine Cousine dabei eine Puppe gebar. Seitdem war noch nicht viel Zeit verstrichen, hatte ich doch erst vor wenigen Wochen meinen fünfzehnten Geburtstag gefeiert. Nun sollte ich unerwartet aus dem Schatten meiner Kindheit treten und Angst befiel mich angesichts einer ungewissen Zukunft. Am liebsten hätte ich *Fariba* zugerufen: »Lass uns noch einmal spielen, Cousine. Du darfst auch heute wieder die Braut sein. Ich bin damit einverstanden.« Doch es war kein Spiel mehr, das hier stattfand. Jetzt war ich die Braut. Ein neues Leben hatte von mir Besitz ergriffen.

Gegen Mitternacht hatte sich der Garten fast geleert. Die meisten der Gäste waren gegangen. Hilflos und müde stand ich in meinem Brautkleid und diesem Meer immer noch duftender Blüten. *Shahram* kam auf mich zu, ergriff meine Hand und führte mich in das obere Stockwerk seines Elternhauses. Mein Herz schlug heftig. Mir war, als ob mich dort oben die unbekannte Welt eines fernen Planeten erwarten würde. Mein Mann stand unmittelbar neben mir. Es war das erste Mal, dass wir uns so nah waren. Er fragte mich: »Warum bleibst du vor der Tür stehen?«, und fügte nach Art eines werbenden Komödianten lächelnd hinzu: »Treten Sie doch bitte näher, meine Dame, und geben Sie mir die Ehre, diese Nacht an meiner Seite zu verbringen.« Er lächelte und ich wusste in meiner Hilflosigkeit nicht, ob ich weinen oder lachen sollte. Trotz seiner romantisch gewählten Worte war mir plötzlich, als sei mit dem Hauch einer milden und durchsichtigen Bewegung alle Melancholie meinem Herzen entwunden. Erstmals fiel mir auf, dass er mehr als einen Kopf größer war als ich. Die Anwesenheit seines kräftigen Körpers tröstete mich und schenkte mir uneingeschränktes Vertrauen. Müde und erschöpft von all den Feierlichkeiten verspürte ich nur noch den Wunsch zu schlafen. Monatelang wollte ich schlafen. Vom seelischen Druck meines Elternhauses befreit, schien sich plötzlich mein Körper in einer physischen Reaktion all seiner durchlittenen Strapazen bewusst zu werden. Sanft zog mich *Shahram* in unser Bett. Seine Nähe gab meinem Herzen Ruhe. Eine Ruhe, die nicht lange währen sollte, denn noch in dieser ersten gemeinsamen Nacht nahm mich mein Mann mit all seiner Gewalt.

Als ich am kommenden Morgen erwachte, verglich ich mich mit einem frisch abgeschlachteten Huhn. Das ruhige

Gefühl, das ich noch Stunden zuvor für kurze Zeit an der Seite dieses Mannes erfahren hatte, war verflogen. Meine Seele befand sich in Aufruhr. Der männliche Schutz, auf den ich mich glaubte stützen zu können, bereitete mir Abscheu und Entsetzen. Angst überkam mich vor der kommenden Nacht. *Shahram* hatte bereits damit begonnen, für uns das Frühstück vorzubereiten. Doch ich besaß keinerlei Appetit. Ich hatte nur einen Hunger, und den konnte allein mein Tagebuch stillen. Schreiben musste ich und so verfasste ich an jenem Morgen mein erstes »Ehegedicht«. Es sprach von dem jungen Mädchen, dass in einer Nacht der Hoffnung zur Braut der Schmerzen geworden war.

Der Umfang der mir im Hause meiner Schwiegereltern auferlegten Arbeiten ließ es in den folgenden Monaten gar nicht zu, dass ich mich tagsüber an meine wiederkehrenden nächtlichen Erfahrungen erinnerte. Und es schien mir, als wolle man mich mit allem Waschen, Kochen und Putzen vorsätzlich betäuben. Ich dachte über meine gelesenen Bücher nach und fragte mich bestürzt, was mir ihr vermitteltes Wissen tatsächlich gebracht hatte. Das wahre Leben zeigte ein anderes Gesicht. Die Realität bestand nicht aus Poesie und kannte keine süßen Geschichten aus der Feder eines Hafez. Trotzdem verschloss ich zunächst noch meine Augen vor der Tatsache, dass mein Eheleben bitter und für mich von Nachteil war. *Shahram* war nicht der Mann meines Lebens. Dieser Mensch war ein Freund des Wirtshauses, der nur nachts zu mir kam.

Selten besuchte ich in dieser Zeit die Angehörigen meiner Familie. So beschränkte sich mein Kontakt mit anderen hauptsächlich auf Begegnungen mit meiner Schwiegermutter. Ihre Fürsorge und Liebe mir gegenüber schien keine Grenzen zu kennen. Längst hatte sie den Zustand meiner Ehe erkannt und da sie sich offenbar für ihren Sohn schämte, war sie beständig um mein Wohl und um Wiedergutmachung bemüht. Blickte ich in ihr freundliches und doch trauriges Gesicht, fielen mir nur Worte des Trostes für sie ein und ich versuchte ihr zu erklären, dass das Leben ihrer Schwiegertochter an diesem Ort allein mein Schicksal sei, an dem sie keinerlei Schuld trage.

Wir wohnten im zweiten Stock des Elternhauses meines Mannes. Unsere Wohnung war zwar nicht groß, aber dennoch bequem eingerichtet. Tagsüber verbrachte ich gemeinsam die Zeit mit *Shahrams* Mutter, abends saß ich allein in unseren kleinen Räumen am Fenster und schrieb.

Die Temperaturen des Tages haben sich abgekühlt. Es ist fast Mitternacht. Ich liege bereits im Bett, als mich Türgeräusche meines heimkommenden Gatten aus dem Schlaf hochschrecken lassen. Ich höre, wie er sich entkleidet und mir zuruft: »Bist du noch wach?« Regungslos liege ich da, rühre mich nicht von der Stelle. Schon im selben Moment stürzt er sich auf mich und ich rieche den Wirtshausgestank aus seinem Munde. Da erfasst mich plötzlich eine starke Übelkeit und ich entwinde mich seinen Armen. Auf der Toilette muss ich mich übergeben, kotze, von Krämpfen geschüttelt, was Magen und Galle nur hergeben. Ich kehre ins Schlafzimmer zurück, in dem *Shahram* bereits eingeschlafen ist. Der ganze Raum ist erfüllt von Gestank, der mir den Atem nimmt.

Diese Nacht schlief ich im Wohnzimmer. Am nächsten Tag erfasste mich schon beim ersten Essensgeruch wieder jenes starke Würgegefühl, das mich zur neuerlichen Übergabe zwang, und ich fragte mich, warum nur mein Körper der Zügellosigkeit meines Mannes eine derart dauerhafte Beachtung schenkte. Am dritten Tag brachte man mich endlich zum Arzt. Mein Gott, was für ein unbeschreibliches Gefühl war das, um ein kleines Lebewesen in seinem Bauch zu wissen. Der Gedanke an meine Schwangerschaft beruhigte mich außerordentlich.

Zur gleichen Zeit begann der Irak einen Krieg gegen unser Land zu führen, der acht Jahre andauern sollte. Die Menschen bekamen Angst und begegneten sich schweigend. Umso mehr lärmten dafür die Sirenen des täglichen Luftalarms, unsere Artillerie und die einschlagenden Bomben. Die ersten Monate nach meiner Empfängnis brachten mir unerträgliche, dauerhafte Schmerzen, die erst im Laufe dieser unruhigen Zeit etwas nachließen. Deutlich hatte ich an Gewicht und Umfang zugenommen und fortwährend dachte ich an mein ungeborenes Kind, mit dem ich die Hoffnung auf ein besseres Eheleben verband. Shahram verbrachte weiterhin die meiste Zeit seines Tages außerhalb unseres Heimes. So blieb mein Wunsch nach Nähe und Gespräch zumeist unerfüllt. Die Distanz zwischen uns wuchs täglich. Er war kein Mann, geschaffen für ein Leben in der Ehe, seine Art entfremdete ihn mir zusehends und ich verstand ihn nicht mehr. Zudem machte mich die Schwangerschaft empfindlich und nervös. Die meiste Zeit standen meine Augen in Tränen und ich fühlte mich elend und deprimiert.

Es war schon eine Woche seit der letzten Übernachtung meiner Schwiegermutter verstrichen, die seit kurzem neben mir im Bett schlief, um im Falle eintretender Komplikationen schnelle Hilfe leisten zu können. Auch in dieser Nacht war sie noch nicht zu mir heraufgestiegen. Ich ging auf der Terrasse unseres Daches spazieren. Durch mein dünnes Kleid strich der Herbstwind mit einer zarten Brise und umstrich sanft meinen Körper. Die Schmerzen kamen und gingen. Fariba fiel mir ein. Wenn sie ihre Puppe gebar, dann geschah dies immer ohne Leiden. »Oh, mein Gott«, dachte ich, »warum können wir neues Leben nur unter Qualen auf diese Welt bringen?« Ich spürte, dass ich auf Hilfe angewiesen war. Mit starken Beschwerden stieg ich die Treppe hinunter und rief nach *Shahrams* Mutter. Die Schmerzen hatten nun ein unerträgliches Ausmaß angenommen und schienen mir das Bewusstsein zu rauben. Dabei hatte ich das Gefühl, als hätte die Zeit damit begonnen, sich auf eine unerträglich langsame Art fortzubewegen.

Sie brachten mich ins nahe gelegene Krankenhaus und mir schien, als wolle mein geschwollener Bauch platzen. Wenn jemand nach mir sah, dachte ich, diesen Menschen erblickst du vielleicht das letzte Mal in deinem Leben. Mir versagte der Atem und ich wünschte mir inständig, die Schmerzen mögen ein Erbarmen mit mir haben. Oh Gott, diese Niederkunft war eine so ganz andere als die vielfältigen meiner Cousine. Das Gefühl, mein Geist wolle meinen Körper als Ort der Folter und Plage für immer verlassen, wuchs mir ins Unermessliche. Konzentriert bemühte ich mich, weiter zu atmen. Meine Schreie hatten schon viel zu viel Kraft gekostet. Antreiben wollte ich die Zeit, damit sie schneller lief und so die Spanne meiner Tortur verkürzte, oder sie zurückdrängen, vor die Tage meiner Empfängnis. Meine Peinigung hielt bis zum frühen Morgen an. Dann ließen die Schmerzen, die mir das Gefühl gegeben hatten, als wäre ich von einem Teil meines Körpers getrennt worden, langsam nach und es kehrte Ruhe in mich ein.

Babak kam am *9. Shahriwar 1359*, dem 31. August 1980, um sieben Uhr morgens zur Welt, rundlich, rotbäckig und gesund, dabei so stark behaart wie ein kleines Kätzchen. Als man ihn mir zeigte, waren seine Augen noch geschlossen. Doch schon mit unserer ersten Umarmung öffnete er sie, und sein Blick folgte aufmerksam dem einfallenden Licht. Stolz hielt ich meinen Sohn in den Armen, und ich begriff, was für eine wunderbare Geschichte doch die Schöpfung ist.

Shahram kam erst am dritten Tag nach der Geburt seines Sohnes zu uns. Ich war bereits damit beschäftigt, unsere Kleidungsstücke einzupacken und die Heimfahrt vorzubereiten. Dass *Babak* bereits in der vorangegangenen Nacht verstorben war, wusste ich nicht. Man entließ mich aus dem Krankenhaus ohne mein Kind und ohne eine Erklärung. Man hatte die Angelegenheit bereits mit meinem Mann geregelt und bis heute kenne ich nicht die Ursache für den unerwarteten Tod dieses kleinen Kätzchens.

Meine Trauer war nun so stark, dass sie mich an den Rand einer Psychose zu führte. Das Gemüt erkrankte, meine Seele war gestört. Immer und immer wieder stellte ich mir die Frage nach dem Warum. Aus welchem Grunde strafte mich Gott mit einem derartigen Leben. Wäre mein Herz ein See gewesen, es hätte mein brennendes Leid löschen können. Doch eine solche Fähigkeit besaß es nicht.

In den Nachtstunden der kommenden drei Monate fand ich keine Ruhe mehr. Mein eigenes Leid wurde mir zur qualvollen Last. Doch allmählich begann sich meine Seele wieder zu entspannen und tauchte behutsam auf aus dem Meer der Tränen, das in mir immer noch nicht versiegt war.

Shahram begegnete mir und der Erkrankung meiner Nerven völlig hilflos, aber auch desinteressiert. Meine Gemütsverfassung erschien ihm abstoßend und damit setzte sich der Prozess unserer Entfremdung weiter fort. Häufig konnte ich ihn jetzt dabei beobachten, wie er sich in eleganten Drehungen eitel und selbstgefällig in unserem Spiegel betrachtete. Sah er sich dann meinen traurigen Blicken ausgesetzt, verließ er wortlos den Raum. So schnell also vergaß mein Mann unseren verstorbenen Sohn.

So begann mir nun auch diese neue häusliche Situation unerträglich zu werden. Ständige Aggressionen *Shahrams* ließen mich bescheiden und hilflos werden. Die Kraft zum Streiten hatte ich längst verloren und meine Gedanken an ihn waren nur noch von anhaltender Kälte begleitet.

Es ist ein Abend wie jeder unserer jetzigen Abende. Wortlos sitzen wir gemeinsam im Zimmer. Während ich mit Strickarbeiten beschäftigt bin, hockt *Shahram* gelangweilt am anderen Ende des Tisches und bläst mir gedankenlos den Tabakrauch seiner Zigarette ins Gesicht. Da erst begreife ich, dass ich für diesen Mann kein Gefühl der Achtung und Liebe mehr empfinde, verstehe, dass ich von einer Hölle in die nächste gewechselt bin, begreife, dass ich in diesem Haus endlich mein Glück finden könnte, gäbe es hier nicht den da, der mich nur in den Nächten sucht.

Noch am selben Abend führe ich eine Begegnung mit meinem Vater herbei, bitte um seine Hilfe und flehe ihn an, mich aus den Händen seines Schwiegersohnes zu erretten. Tatsächlich hoffe ich darauf, dass sich dieser Vater wenigstens um die Befreiung seiner Tochter bemüht. Der aber begegnet mir mit einem ungezügelten Schwall wütender und hasserfüllter Schmähungen. Grenzenlos enttäuscht schleiche ich mich zurück in das Haus meines Mannes, das mir in seiner Gegenwart nie mehr ein Heim sein wird, und überlasse mich wieder einmal meinen Tränen.

Vor der Haustür entschließe ich mich dazu, den Hintereingang zu benutzen. In dieser Seelenstimmung kann und will ich meiner Schwiegermutter nicht begegnen. Sie hätte Mitleid mit mir, aber um keinen Preis will ich der Grund ihrer Trauer sein.

Kapitel 9

Geboren, um zu gebären

Mit dem Prozess der Entfremdung in meiner Ehe vollzog sich gleichsam eine Entwicklung der Annäherung zwischen meiner Schwiegermutter und mir, und manchmal fragte ich mich, ob mir *Shahrams* Mutter auch dann ihre ausgeprägte Zuneigung und Güte geschenkt hätte, wenn es mir in meiner Ehe an der Seite ihres Sohnes besser ergangen wäre. Der hatte es zwischenzeitlich aufgegeben, einer geregelten Arbeit nachzugehen und für sich und seine Ehefrau auch nur ein geringes Maß an Verantwortung zu übernehmen. Warum er überhaupt hatte heiraten wollen, wurde mir immer unklarer.

Um das Gefühl von Sinnlosigkeit und Leere in meinem Leben zu überbrücken, entschloss ich mich zum nachträglichen Erwerb des Abiturs. Einerseits wollte ich mit dem Besuch der Abendschule der Apathie meines Mannes ein Zeichen setzen, andererseits hoffte ich, mir damit einen Teil meiner geistigen und, wenn es erforderlich werden sollte, künftig auch materiellen Unabhängigkeit zu sichern. Letztlich wollte ich mich wohl aber auch von den Geschehnissen meines unrühmlichen Alltages ablenken und mit einer neuen Belebung des Kopfes die Schmerzen meines Herzens heilen. Allerdings war dies eine eher fragwürdige Rezeptur im Angesicht einer neuerlichen Schwangerschaft. Und die Rezeptur war schwerlich anzuwenden in einer Zeit äußerster politischer Wirren. So quälten mich jetzt nicht nur meine eigenen anderen Umstände, sondern auch die neuen Gesetze, nach denen ich künftig wie alle Frauen des Irans in der Öffentlichkeit ausnahmslos Mantel und Kopftuch zu tragen hatte. Besonders schmerzte mich am Ende einer langen Kette gesellschaftlicher Veränderungen, dass ich auf Grund eines gesetzlich verankerten Verbotes nun nicht mehr in den *Neyshabor Dichtungsverein* aufgenommen werden konnte. Diese war eine von vielen Entscheidungen, die zeigte, dass es politische Kräfte darauf angelegt hatten, die Rechte der Frauen geringer zu achten als früher, und die Eisenstangen in meinem Kopf nahmen an Stärke und Gewicht zu, ohne dabei meinen Blick zu verengen.

Trotz Schwangerschaft und Depressionen gelang es mir, alle Prüfungen mit gutem Ergebnis abzuschließen. So hoffte ich nun auf eine Aufnahme an der Universität. Doch dieser Traum verflog in den Turbulenzen einer Kulturrevolution, die zwischenzeitlich über unser Land hinwegging. Sämtliche Hochschulen hatte man geschlossen und damit war die Zeit meiner Niederkunft zumindest im Sinne der Obrigkeit gut gewählt.

Ich nannte meinen Sohn *Ali*. Er sah genauso aus wie mein Erstgeborener. Doch hatte ich damals noch gehofft, die Gründung einer Familie könnte dem Verlauf meiner Ehe eine positive Wendung geben, gab ich mich heute keinerlei Erwartungen mehr hin. Streit, Lärm und Schlägerei, das waren auch weiterhin die bestimmenden Zutaten eines Ehelebens, an dem ich schon lange keinen Geschmack mehr fand.

Inzwischen wuchs *Ali* deutlich heran, gewann von Tag zu Tag an Liebreiz und besiegte mit seinem reinen, unschuldigen Lächeln die Einsamkeit und Melancholie seiner Mutter. Der Umgang mit meinem Kind beruhigte mich derart, dass ich die Existenz seines Vaters völlig vergaß.

In seinen ersten vier Lebensjahren hatte mich *Ali* durch seine Anwesenheit dazu gebracht, Leid und Ungerechtigkeiten hinzunehmen, ohne den tiefen Grad früherer Verletzungen zuzulassen. Unser Haus war jetzt beliebter Treff- und Sammelpunkt für den Pöbel der Stadt geworden. Der Friede machte um unsere Mauern einen weiten Bogen, sodass sich in ihnen nur noch ein Leben in Kälte entfalten konnte, und ich fragte mich, welche Zeit und Temperatur wohl erforderlich wären, um den zwischen *Shahram* und mir aufgetürmten Eisberg zum Schmelzen zu bringen.

Meine Schwiegermutter hatte sich in den letzten Wochen von ihrem Enkel sichtlich in den Bann ziehen lassen und verbrachte nun die meiste Zeit bei uns. Ihre Anwesenheit tat mir gut, gab sie mir doch bis zu einem gewissen Grad das Gefühl bisher nicht gekannter Geborgenheit im eigenen Heim. Nachts, wenn *Ali* schlief, schrieb ich oder las in meinen Büchern. *Shahrams* Anwesenheit störte mich nicht mehr.

Längst hatte ich damit begonnen, mich seinen Zudringlichkeiten erfolgreich zu widersetzen. Bis zu jener Nacht, in der er wieder einmal unter der Wirkung zu viel genossenen Alkohols im Jähzorn zu uns nach Hause kam. Verängstigt flüchte ich in die bereits bewährte Simulation eines tiefen Schlafes. Heute jedoch scheint *Shahram* dieser Anblick zu provozieren. Lärmend wirft er im Nebenraum wahllos Gegenstände des Haushalts um sich, so als sei es seine gezielte Absicht, meinen vermeintlichen Traum zu zerstören. Rasch wird mir im nächsten Moment die Decke meines Bettes vom Leib gerissen und ein rasendes Tier wirft sich frei von jeglichen Hemmungen in zügelloser Gebärde über mich. Grenzenloser Hass steigt in mir auf und nur die

Angst, das im Nebenzimmer schlafende unschuldige Lächeln könnte von den Schreien seiner Mutter entsetzt werden, lässt mich stumm bleiben. Aller Schmerz dieser Welt steckt in diesem Moment in meinem Körper und ein bezwingender Gedanke durchdringt meinen Kopf. Sexualität, so hat man mir berichtet, sei ein sinnliches Vergnügen, eines, das die empfänglichsten Gefühle eines Menschen erwecken kann, wenn sich zwei wahrhaft Liebende vereinen. Was für ein Gefühl ist das und was für ein Vergnügen? In den fünf Jahren meiner Ehe mit diesem animalischen Wesen hier habe ich es nicht kennen gelernt. Dafür lehrt mich jene Bestie die körperliche Liebe als eine Tat der Gewalt, als ein Vergehen an meinem entehrten Körper, und während ich mich dem Akt jener Schändung zumindest äußerlich beuge, verfängt sich in meinem Kopf ein Gedanke: Wird es mir eines Tages gegeben sein, diese Erniedrigungen zu vergessen? Werde auch ich einmal irgendwann die Nähe eines respektvollen Mannes erfahren, um zu begreifen, was mir die Menschen über den Sinnenrausch hinter ihrer vorgehaltenen Hand lächelnd anvertrauen?

Einige Minuten später habe ich mich von den schmutzigen Händen auf meiner Haut befreit und stehe unter dem heißen Strahl der Dusche. Vom Kopf bis zum Fuß fühle ich mich besudelt. Doch so sorgfältig und kraftvoll ich meinen Körper auch bearbeite, das Wasser gibt mir das Gefühl der Reinlichkeit nicht zurück. Ekel haftet an mir, der bereits zu einem Bestandteil meiner selbst geworden zu sein scheint.

Zitternd trockne ich meinen Körper, streife mir still ein Kleid über und husche lautlos in den Schlafraum meines Sohnes. *Ali* schläft tief und ruhig. Über alle Maßen beruhigt bin ich, dass er von den Geschehnissen der letzten halben

Stunde nichts wahrgenommen hat. Mit verweinten Augen setze ich mich neben mein Kind: »*Ali*, mein Sohn, schau mich an. Für deine Unversehrtheit habe ich mich soeben vernichtet. Zum Schutz deiner Seele habe ich heute meine Schreie in mir versenkt.« Und ich bin dankbar für den Schlaf meines Kindes.

Diese Nacht war die fremdartigste und grauenvollste meines bisherigen Lebens. Ich schloss meine Augen, übergab mich der Welt der Gedanken, die mich so leicht über den realen Alltag erheben konnten. Die sprachen erstmals von Flucht. *Shahram* würde sich nie ändern. Schon jetzt hatte er die Grenze vom Alkoholismus zur Drogenabhängigkeit überschritten und jeder neue Tag stellte für mich und meinen Sohn eine weitere Gefahr dar. Schwiegermutter versorgte uns zwar täglich mit frischen Lebensmitteln, doch diese Geste linderte nur unsere materielle Not. Zweiundzwanzig Jahre war ich zwischenzeitlich alt, herangewachsen zu einer jungen Frau, ohne Gelegenheit, die körperliche Liebe in der Leidenschaft und Sinnlichkeit eigener Gefühle zu erleben.

Erneut ist meine Regel ausgeblieben. Um Gottes willen, befinde ich mich schon wieder in anderen Umständen? Meine Stiefmutter fällt mir ein. Der Gedanke an eine Schwangerschaft als Resultat einer legitimen Vergewaltigung lässt mein Ehrgefühl in einen Abgrund stürzen. Den ganzen Tag warte ich in völliger Anspannung auf die Rückkehr meines Peinigers. Fest entschlossen bin ich, mit meinem ganzen Groll diesen Menschen zu richten. Jetzt soll auch er empfangen. Doch kein Leben will ich ihm einverleiben. Die Kraft und die Schärfe meiner Zähne werden das Werkzeug seiner Vernichtung sein. Der ungezügelte Geist einer Rebellion nistet in meiner Seele. *Shahrams* Mutter spürt meine Feindseligkeit gegenüber ihrem Sohn, und unfähig, eine Geste des Trostes anzudeuten, zieht sie sich ängstlich zurück.

Gehetzt gehe ich in meinem Zimmer auf und ab. Endlich höre ich Schritte im Treppenhaus, die zu mir hinaufführen, und in mir platzt in der Tiefe meiner Seele ein wucherndes Geschwür. Wie eine verwundete Bärin brülle ich plötzlich. Unkontrolliert entwinden sich meinem Geschrei Worte abgrundtiefer Feindschaft, die augenblicklich in ein nur schwer zu kontrollierendes Weinen und Schluchzen übergehen. *Ali* schläft, doch mir ist alles egal. Ehe ich mich versehe, renne ich gegen diesen Mann an. Der ergreift mit seinen starken Händen blitzartig meine Arme und zieht mich in einem wirbelnden Gemenge unserer Gelenke hinaus auf die Terrasse. Dort ringen wir beide miteinander aus vereinten Kräften. Da vernehme ich die weinerliche Stimme *Alis*. Ein kurzer Moment, der genügt, den mütterlichen Instinkt über die Konzentration der Kämpfenden zu erheben, leitet das Unglück ein. Bevor ich mich versehe, löst *Shahram* seinen Griff und überlässt mich dem freien Fall der Treppe. Sekunden später verliere ich das Bewusstsein, nicht ohne zuvor entfernt die ängstliche Stimme meines Kindes und das unterdrückte Schluchzen meiner Schwiegermutter zu vernehmen, die, so schnell es ihr Alter zulässt, dem Lärm im Treppenhaus gefolgt ist.

Zweiundzwanzig lange Tage lag ich unter großen Schmerzen im Krankenhaus. In dieser Zeit hoffte ich auf eine Abtreibung, denn die Blutungen hörten nicht auf. Schließlich stellte man eine schwere Verletzung des linken Eierstockes fest und entschloss sich spontan zu einer

Operation. Danach hoffte ich weiterhin auf eine von den Behörden genehmigte Unterbrechung der Schwangerschaft, aber der Eingriff war für die Ärzte zu gering gewesen, als dass sie einer Indikation zugestimmt hätten. Dass ich meine Schwangerschaft verabscheute, ahnten sie nicht.

Am *ersten Aban 1364*, dem 24. Oktober 1985, gebar ich meinen dritten Sohn *Reza* in diese Welt. Doch während es *Ali* und sein jüngerer Bruder verstanden, mit ihrem unerforschten Charme die Seele ihrer Mutter zu befreien, fesselten gleichzeitig neue Ketten meine Füße. Dabei sollten die mich gerade jetzt in die Unabhängigkeit führen und so meinen Willen stärken. Aber der Zeitpunkt war schlecht gewählt, denn die Rechte der Frauen in unserem Lande verschlechterten sich täglich. Die reine Angst meiner Geschlechtsgenossinnen, durch Scheidung wahllos aus dem Verbund ihrer Familie gestoßen und enthert zu werden, erhöhte das zwanglose Verhalten ihrer Männer beträchtlich. Ich aber hatte das Gefühl der Furcht bereits überwunden, besaß zwei eigene wunderbare Söhne und hatte für sie und mich jetzt eigene Ziele entdeckt. Aufmerksam verfolgte ich in den Medien die Nachrichten.

Kapitel 10

Krieg

*… eine Verstrickung, die man entwirren könnte
und dennoch zerschlägt.*

Über den Krieg im Allgemeinen ist schon viel geschrieben worden. Doch wenn man ihn erlebt, führt er nicht viel Allgemeines mit sich. Der Krieg wird immer persönlich. Bislang hatten mir meine Bücher diesen grauenvollen Weggefährten eher in Randbemerkungen näher gebracht. Jetzt plötzlich bestimmte er unseren Alltag und führte mir oft gespenstische Impressionen vor Augen, die mich tief berührten. Meine Gedichte bekamen jetzt einen Anstrich des Grauens.

Bedeutete Krieg nicht immer, egal aus welchen Motiven er geführt wurde, eine grobe Missachtung menschlicher Würde? Für mich war er die Entwaffnung unseres humanistischen Regelwerkes, an dem sich das friedliche Miteinander orientierte. Täglich erlebten wir unsere kleinen und großen Unmenschlichkeiten, die vielleicht irgendwann einmal für die Mächtigen in einem fragwürdigen Triumph enden würden. Der Blick in die Geschichte lehrte mich aber, dass die Menschheit offenbar ihre Gabe sich zu erinnern nur aufgegeben hatte, um ihre Haltung verlieren zu können, und ein Blick auf mein bisheriges Dasein machte mir bewusst, dass sich jeder Einzelne von uns zeit seines Lebens in einem fortwährenden Prozess der Veränderung befindet, obwohl die Menschheit mit ihren Stärken und Schwächen immer die Gleiche bleibt. Dieser Gedanke sollte mich lange beschäftigen.

Die Fehde mit unseren irakischen Nachbarn fand hauptsächlich im Süden des Landes statt. Hier kämpften oft minderjährige, zumeist freiwillige Soldaten meiner Heimat einen erbarmungslosen Verteidigungskrieg gegen den Aggressor aus Bagdad. Regelmäßig wurden uns montags und mittwochs die toten Körper der im Kriegsgebiet Gefallenen in die Stadt gebracht, wo man sie ihren Angehörigen übergab. Montag und Mittwoch waren für uns die Tage des Todes. Doch schon bald hatten sie unter uns ihre Schrecken verloren. Das zeitliche Gleichmaß eintreffender Leichentransporte hatte die Menschen in den Familien abstumpfen lassen und ihnen durch die Vielzahl der Opfer die barmherzige Fähigkeit zur Trauer geraubt.

Verbrechen an den Rechten der Frauen eroberten nun alle Schichten der Gesellschaft. Immer häufiger wurde ich in den Straßen Zeugin, wie vermeintliche Ehebrecherinnen ausgepeitscht oder gesteinigt wurden. Ehebrecher hingegen sah ich nie. Das Sportstadion in unserer Nähe hatte man in einen öffentlichen Richtplatz verwandelt. Schon längst ging es nicht mehr nur um den Anspruch, alles Weibliche zwanghaft zu verschleiern. Ziel der Mächtigen war es vielmehr, die Frauen im Land systematisch zu unterdrücken. Der Gebrauch kosmetischer Artikel fiel einem strikten Verbot ebenso zum Opfer wie das Tragen bunter Kopftücher und Schuhe. Vereinzelt hatten sich in den Straßen patrouillierende Revolutionswächter in ihrem Übereifer zusätzlich mit Rasierklingen und Stricknadeln bewaffnet, um den Gesichtern jener Frauen, die dieses Dekret missachteten, schmerzhafte Schnittwunden beizubringen. Geschah Derartiges, war von bloßer »Schminkreinigung« oder dem »Abschminken« einer Unbelehrbaren die Rede. Sprache war grausam geworden und ließ sich so leicht missbrauchen. Der Umgang mit ihr erinnerte mich unweigerlich an die Behandlung von uns Verschleierten.

Verständlich, dass die sozialen Konflikte in unserer Gesellschaft meine privaten Probleme noch verstärkten. So erlebte ich Tage, an denen meine Suche nach Milch für mein Baby erfolglos verlief und ich vergeblich alle Apotheken der Stadt aufsuchte, um dringend benötigte Medikamente für meine Kinder zu erflehen.

Die Situation auf den Märkten hatte sich dramatisch verschlechtert. Sämtliche Waren verteuerten sich täglich und ihr Angebot war zu begrenzt, um ihre Nachfrage in der Bevölkerung zu stillen. Das stundenlange Stehen in den Reihen wartender Menschen vor den Geschäften zehrte an meinen Kräften und allzu oft kehrte ich enttäuscht ohne Babynahrung und Milch in das Haus der Schwiegereltern zurück.

Shahram nahm an den Versorgungsproblemen seiner Familie überhaupt keinen Anteil mehr. Weiterhin verschrieb er sich dem Müßiggang und der Untätigkeit, zu keiner Zeit bereit, sein Drohnendasein aufzugeben. Um finanziell überleben zu können, nahm ich die Tätigkeit einer Privatlehrerin an, strickte für fremde Leute und wurde zu einer gefragten Trauerschriftstellerin. Angesichts der vielen Toten, die dieser Krieg forderte, mangelte es mir nicht an Aufträgen. Ein feierliches Gefühl überkam mich bei dem Gedanken, dass den Anwesenden so vieler Beisetzungsfeiern das Ehrenhafte der Toten auf gereichten Handzetteln in eigens von mir einfühlsam verfassten Elegien dargebracht wurde.

In den Dingen des alltäglichen Lebens fand ich wertvolle Unterstützung durch meine Schwiegermutter, die mich mit ihren hilfreichen Händen so gut unterstützte, wie es eben nur ging. Damit verkörperte sie in ihrem Verhalten das genaue Gegenteil zu ihrem Mann, der von ihren warmherzigen Gesten uns gegenüber nichts erfahren durfte. Als General war er es in der Zeit seiner aktiven Offizierslaufbahn gewohnt gewesen, uneingeschränkte Macht über gefügige Menschen auszuüben. Jetzt verlangte er von der Mutter seiner Enkel bedingungslose Dankbarkeit für die anhaltende Bereitschaft, uns auch weiterhin unter seinem Dach wohnen zu lassen. Neben seinen mannigfachen negativen Eigenschaften war in ihm der Egoismus wohl am stärksten ausgeprägt. Hier erkannte ich meinen Gatten wieder und allzu oft fragte ich mich, wie es meine mitfühlende Schwiegermutter an der Seite dieses herrschsüchtigen Mannes nur so lange hatte aushalten können.

An einem schwülheißen Nachmittag im Sommer, an den ich mich nur quälend erinnere, kam ich mit *Ali* und *Reza* von einem ausgiebigen Spaziergang zurück, als wir vor der Haustür *Zari*, unsere Nachbarin, trafen. Freudig berichtete sie uns, dass ihre Familie am kommenden Tag einen Ausflug nach *Budjan* unternehmen wolle und ermunterte mich, sie mit meinen Kindern zu begleiten. In verführerischen Bildern malte sie uns die Schönheiten dieser Reise aus und ließ keinen Zweifel daran, dass wir alle sicherlich einen schönen Tag erleben würden. Ich wandte ein, leider über kein Fahrzeug zu verfügen. Außerdem sei ich allein mit den beiden Kleinen und deshalb zeitlich nicht in der Lage, ausreichende Vorbereitungen für ein Picknick zu treffen. *Zari* ließ meine Einwände nicht zu, tat so, als sei sie über meine Absage erbost, und wiederholte mit all ihrem Charme: »Bei Gott, *Roja*, ich beschwöre dich. Gib deinem Herzen einen Stoß und komm mit uns. In dem Auto meiner Schwester und mir ist Platz für uns alle. Glaube mir, wir werden bestimmt schöne Stunden haben.« Vom Tag gänzlich erschöpft, entgegnete ich ihr ausweichend: »Ich weiß es noch nicht, *Zari*. Danke für deine Einladung, aber ich gehe erst einmal heim und denke in Ruhe über deinen Vorschlag nach. Später gebe ich dir dann telefonisch Bescheid. Ist das in Ordnung?«

Zari war drei Jahre älter als ich und besaß ebenfalls zwei Kinder, die sich im Alter von *Ali* und *Reza* befanden. Seit wir Nachbarn geworden waren, hatten sich zwischen uns durchaus harmonische Beziehungen entwickelt. Kaum waren wir in den Räumen unserer Wohnung angekommen, begann mich *Ali* schon zu bedrängen. »Gehen wir, gehen wir«, bettelte er mit leiernder Stimme und ich wusste tatsächlich nicht, ob ich diesem Ausflug zustimmen sollte oder nicht. Einerseits, so überlegte ich, ist für den morgigen Tag der Besuch mit der Schwiegermutter eingeplant. Andererseits reizt es dich, einmal mit deinen Söhnen dem düsteren Alltag dieser Stadt den Rücken zu kehren. Trotz dieser Verlockung rief ich *Zari* an, um ihr mitzuteilen, dass wir sie und ihre Familie nicht begleiten würden. Ich musste mir eingestehen, dass mich meine eigenen Worten selber nicht überzeugten. Tatsächlich war mir die Entscheidung nicht leicht gefallen. Zweimal rief mich *Zari* noch zurück, um mich von meiner ablehnenden Haltung abzubringen, doch trotz all ihrer Überredungskünste blieb ich auf eine unerklärliche Weise standhaft.

Am frühen Morgen des darauf folgenden Tages war ich auf dem Balkon mit dem Säubern eines Eimers beschäftigt, als ich unsere Nachbarin mit ihrem Mann auf der Straße vor unserem Haus erblickte. Damit beschäftigt, ihr Reisegepäck im Auto zu verstauen, schauten beide zu mir empor, und ihr Blick bewies, dass sie auch jetzt noch meine Absage bedauerten.

Budjan war eine wirklich schöne Hochebene in der Nähe von *Neyshabour*. Hier verbrachten die Bewohner unserer Stadt während der Sommermonate gern ihre Freizeit. Oft war der Landstrich von Touristen völlig übervölkert. Dann war kein freier Fleck mehr zu bekommen. Ich liebte diese Landschaft sehr, erfreute mich bei jedem meiner Aufenthalte an der ausgeprägten Schönheit ihrer Natur und genoss den Blick auf den breiten Fluss, der sich in einem ruhigen Strom majestätisch durch das Tal zog.

Zari trat unter den Balkon, um mich zu begrüßen. Im selben Augenblick erfasste mein flüchtiger Blick den rot gefärbten Kragen ihrer Bluse, der unter ihrem hastig zugeknöpften Mantel verschwand, und das Gefühl der Sympathie für meine Nachbarin nahm noch einmal an Tiefe zu. »Bist du dir wirklich sicher, nicht mitkommen zu wollen?«, fragte sie mich und fügte erwartungsvoll hinzu: »Solltest du es dir anders überlegt haben, wir warten gerne auf euch.« Plötzlich war mir, als ob tausend Stimmen in mir riefen, dieser Versuchung hier zu widerstehen, und ich antwortete ihr mit leichter Verzögerung: »Nein, *Zari*, wir bleiben daheim. Fahrt ihr nur, genießt die Zeit und habt euer Vergnügen.« Meine Nachbarin verabschiedete sich von mir und es wurde zwischen uns ausgemacht, dass sie uns gleich nach ihrer Heimkehr besuchen würden. Sekunden später verschwand ihr blaues Auto in der Ferne, das ich aus der Höhe unseres Balkons mit eigenen Augen noch ein gehöriges Stück auf seiner Reise nach *Budjan* begleiten konnte.

Bis in die Abendstunden hinein war ich damit beschäftigt, meine Wohnnung zu putzen. Dann kam *Mehri* zu Besuch, um mit *Ali* und *Reza* zu spielen. Inzwischen war es bereits dunkel geworden und wir entschlossen uns, gemeinsam mit den Kindern noch einen Spaziergang in der lauen Abendluft zu unternehmen. Vor der Haustür trafen wir auf *Shahrams* Eltern, die gerade mit ihrem Auto vorfuhren. Spontan machte meine Schwiegermutter ihrem Mann den Vorschlag, uns doch das Fahrzeug für eine kurze Spazierfahrt zu überlassen. Zu meiner Überraschung ging er tatsächlich darauf ein. Noch während die anderen einstiegen und ich es mir hinter dem Steuer bequem machte, gab sie mir den Rat, nicht wie üblich die obere Straße zu benutzen. »Der Weg nach *Baghe Melli (Stadtpark)* ist heute gesperrt«, wiederholte sie, ohne uns einen Grund hierfür benennen zu können. Ich schüttelte zum Zeichen meines Verständnisses den Kopf und fuhr los.

Kaum hatten wir die besagte Straßeneinmündung erreicht, zeigte sich, dass meine Schwiegermutter die Wahrheit gesprochen hatte. Die rechte Seite der Fahrbahn war tatsächlich abgeriegelt worden und schon von weitem konnte man deutlich eine Menschenmenge erkennen. Ohne dem dortigen Geschehen weitere Aufmerksamkeit zu widmen, lenkte ich den Wagen kurzerhand nach rechts und fuhr nun in Richtung *Khayam* und *Atar* weiter. Wir waren noch keine zwei Kilometer gefahren, da erreichten wir bereits die nächste Straßensperrung. Das war wirklich merkwürdig. Ich kurbelte die Fensterscheibe meiner Fahrertür herunter und fragte in das neben uns stehende Auto hinein: »Was ist denn heute bloß los? Warum werden überall die Straßen versperrt?« Der Fahrer, ein dicker Mann mit Glatze, drehte mir seinen Kopf zu: » Ich weiß es nicht, meine Dame. Man hat noch nichts bekannt gegeben.« Zur Umkehr gezwungen, wendete ich unser Auto und fuhr zurück. Unterwegs kauften wir jedem der Kinder noch einen *Dönerkebab*, den sie bereits während der Fahrt mit Heißhunger verzehrten. Nach einer halben Stunde erreichten wir den Hauptplatz unserer Stadt, auf dem sich mittlerweile eine große Ansammlung von Menschen eingefunden hatte. Mein Gott, was war denn hier bloß los? Ich parkte das Auto am Straßenrand und stieg aus. Neugierig geworden wollten mir *Ali* und *Reza* folgen, doch ich beschwor *Mehri* in eindringlichen Worten, auf die Kinder im Wagen aufzupassen. Erst danach mischte ich mich mit äußerst bangem Gefühl unter die Leute. Ein Junge lief mir verwirrt in die Arme und ich fragte ihn nach dem Grund dieses Menschenauflaufes. »Ja wissen Sie denn nicht, meine Dame«, stammelte er, »in *Budjan* hat sich ein großes Unglück ereignet. Eine riesige Überschwemmung hat dort gewaltige Schäden verursacht. Helfer bringen gerade die ersten Verletzten in die Stadt!« Und schon war er fort. Ich konnte es kaum glauben. Eine Naturkatastrophe in *Budjan*? Genau dorthin wollte ich doch auch heute mit meinen Kindern fahren. Ein bleiernes Gefühl des Entsetzens stieg in mir auf. Die Familie *Zaris*, schoss es mir durch den Kopf, was mochte mit ihr geschehen sein? Mit Schwindel im Kopf stieg ich wieder in das Auto ein. Plötzlich erschien mir der Himmel über der Stadt grau und blutig. Welches Ausmaß hatte denn dieses Unheil besessen? War das hier alles Wirklichkeit oder nur Traum?

Die durch lange und heftige Regenfälle ausgelöste Überschwemmung von *Budjan* besaß gewaltige Ausmaße und die Schäden in der Infrastruktur waren bald bis wenige Kilometer vor unsere Stadt sichtbar. Die wurde mehr als einen Monat lang mit einem Gestank der geborgenen Leichen überzogen, in den sich ein ausgeprägter Geruch von Kampfer mischte.

Mit Kampfer wurde die Stadt desinfiziert. Helfer brachten uns immer mehr Tote, die im *Baghe- Melli (Stadtpark)* aufgebahrt wurden, damit ihre Angehörigen sie identifizieren konnten. Die Zahl der Opfer stieg stündlich und der Verbrauch an Kampfer nahm zu. Was für ein Unglück hatte uns nur ereilt? Als ich das Haus meiner Schwiegereltern erreicht hatte, wusste ich nicht mehr, wie ich dorthin gelangt war. Vor dem Gebäude unserer Nachbarn herrschte eine große Unruhe. Männer unterhielten sich vor der Tür, in deren Menge ich *Zaris* Gatten erblickte. In äußerster Eile stieg ich aus und lief ihm ängstlich entgegen. *Reza* starrte wie geistesabwesend durch mich hindurch, als ich ihn nach dem Befinden seiner Frau und dem seiner Kinder, *Salman* und *Solmas,* befragte. Er aber, von einem mir fremdartigen Verhalten und nie erlebter Apathie gezeichnet, blieb völlig stumm. Ich hatte diesen Mann noch nie zuvor in einem derartigen Gemütszustand erlebt, und irritiert wiederholte ich meine drängende Frage. »Ich weiß es nicht«, stammelte er plötzlich. »Was heißt, du weißt es nicht?«, beschwor ich ihn. »Erklär mir das, *Reza*. Sprich mit mir!« Wie war es möglich, dass dieser sonst so verantwortungsvolle Mensch nicht wusste, was mit seiner Familie in *Budjan* geschehen war? Mein Gott, was für eine Nacht erlebten wir.

In den folgenden Stunden konnte ich keinen Schlaf finden. Bis zum frühen Morgen lag ich wach in meinem Bett. Schwiegermutter erging es nicht anders. Danach riefen wir beide mehrfach bei *Reza* an und gingen zu ihm hinüber. Im Haus hatten sich inzwischen viele Menschen versammelt. *Reza* stand in der hintersten Ecke des Raumes. Es war deutlich erkennbar, dass er weiterhin unter Schock stand. Immer noch hatte es keine Nachricht von *Zari* und den Kindern gegeben.

Es sollte auch in den folgenden zwei Tagen zu keiner Benachrichtigung kommen. Erst am darauf folgenden fand man die Leiche von *Zaris* Sohn Salman. Da wurde mir klar, dass auch *Zari* und *Solmas* nicht mehr am Leben waren, und ich betete dafür, dass man ihre toten Körper bald finden würde. Mehr konnte ich für sie nicht tun und diese Gewissheit schmerzte. Ich fragte mich, in welchem lebensbedrohenden Raum dieser Erde wir eigentlich unser Dasein fristeten? Brachten nicht schon Krieg und Politik genügend Leid über uns? Nun also musste uns auch noch die Natur strafen, aber ich wusste nicht, wofür.

Es gab kaum ein Haus in unserer Stadt, in das nicht die Trauer über den Verlust naher Angehöriger eingetreten war, und jede Familie ging mit ihrem Schmerz auf ihre eigene Weise um. Es gab Häuser, die blieben leer, weil ganze Familien der Tragödie von *Budjan* zum Opfer gefallen waren. Und ich kannte viele von ihnen. Meine Kinder und ich aber lebten. Ich konnte es immer noch nicht glauben und mir wurde bewusst, dass es um die Existenz von uns Menschen immer ein Geheimnis geben wird.

Zari hatte an der Seite eines liebevollen und fürsorglichen Mannes ihre Ehe in materiellem Wohlstand führen dürfen. Ihr Leben war problemlos verlaufen. Meinungsverschiedenheiten kannten die beiden nicht. Nun waren sie freiwillig zu diesem für sie todbringenden Picknick gefahren. Ich aber hatte sie nicht begleiten wollen. Das hieß für mich: Lebenshungrige, glückliche Menschen verloren unverschuldet ihr Sein, während ich, eine in ihrer Existenz Bedrängte, die schon längst ihres Schicksals überdrüssig war, dazu bestimmt wurde, in dieser fragwürdigen Welt weiter zu bestehen.

Das Verhängnis hatte mehreren hundert Menschen ihren Atem genommen. Die Mehrzahl von ihnen waren Frauen und Kinder gewesen. Den Grund hierfür fand ich erst viel später heraus. Die meisten Männer hatten im Moment der Heimsuchung nur ihre eigene Rettung im Sinn gehabt. Die Zahl ihrer Toten belief sich auf weit unter zwanzig. Wieder einmal war die iranische Frau ihrer geringen Wertschätzung in diesem Land auf tragische Weise zum Opfer gefallen und mit ihr gefallen waren die Kinder. Unbegreiflich erschien mir, dass solch ein Handeln in einer Gemeinschaft angeblich modern denkender Menschen möglich war und ungesühnt bleiben konnte.

Schon sieben Tage lagen nach dem unheilvollen Naturereignis hinter uns, als man die Leichen von *Zari* und ihrer Tochter in das Haus unseres Nachbarn brachte. Beide hatten sich im Moment ihrer größten Not fest aneinander geklammert. So, innig umarmt, hatte sie der Tod angetroffen und ihre Körper derart erstarren lassen, dass sie von menschlicher Hand nicht mehr zu trennen waren. Gelassen schilderte uns meine Großmutter, was sie mit ihren Augen gesehen hatte, und beschrieb in eindringlichen Bildern den Zustand der geschundenen Körper, die nun im Leichenhaus auf ihre Beisetzung warteten. Unfähig, an der Trauerzeremonie teilzunehmen, zog ich mich kraftlos in unsere Wohnung zurück.

Lange Zeit nach den Geschehnissen war ich immer noch sehr verwirrt und es wollte mir nicht gelingen, mich zu beruhigen. Von welcher Warte aus ich die Dinge auch immer wieder betrachtete, es war und blieb eine feststehende Tatsache: Viele Menschen wurden durch ihr Schicksal eines glücklichen und erfüllten Lebens beraubt. Meine Kinder und ich aber sollten leben. Ich verstand noch nicht und doch gab mir das Verhängnis von *Budjan* Kraft, mich vor mir liegenden Problemen und Konflikten künftig entschlossen zu stellen. Ich begriff, dass es gut sei, einen Kampf aufzunehmen. Schließlich hatte ich gelernt, dass Krieg immer auch eine persönliche Angelegenheit ist.

Hochwasser in Budjan

Schwere Sorge fällt über die Nacht,
stürzt herab von schwarzen Ästen.

Jemand bittet um Hilfe.

Trümmer beregnen die Köpfchen,
und jedes Wesen ist in der Hand des Windes,
der mit traurigen Liedern
alle in die Ferne entführt.

Schwarz gefärbt zeigt sich
der Himmel vom Rauch.
Da fließt aus der Stadt
endlich Hilfe zum Berg.

Und doch blutet die Nacht weiter.
Stiller werden die Schreie der Schmerzen.
Stiller werden die Rufe nach Hoffnung.
Lautlos streben die Sterne
in den reuigen Himmel, der so
wild die Erde beregnet.

Stille, nur Stille.
Hört den lautlosen Wind,
der das Kopftuch und
die Fetzen unzähliger Kleider verstreut.

Das Leben wird still,
grauenhaft still.
Bis der Tod kommt
und Zari mit ihren Kindern fortführt.

Roja

Kapitel 11

Brandwunden

Behutsam schob sich das milde Tageslicht durch die grobmaschigen Gardinen und verfing sich im Blumenmuster des Teppichs. *Ali* und *Reza* spielten einträchtig miteinander und es bereitete mir eine unendliche Freude, beide dabei zu beobachten. Es herrschte eine Stille und ein Friede im Raum, der mich harmonisierte. Ich genoss diesen Moment tiefer Ruhe. Entspannt liefen mir die Gedanken durch den Kopf. Insgeheim dachte ich über die letzten Jahre meines Lebens nach und machte mir die Geschwindigkeit bewußt, mit der ich sie durchlebt hatte. Erst vierundzwanzig Jahre kannte ich diese Welt und doch fühlte ich mich schon so alt wie eine Greisin.

Die Klingel der Tür ist zu hören, und wenige Sekunden später vernehme ich, wie sie mit lautem Knall ins Schloss fällt. Das ist *Shahram*. Es entspricht seiner Art, sich akustisch bemerkbar zu machen, bevor er den Schlüssel umdreht. Oh, mein Gott. Er kommt schon wieder zu uns zurück. Wortlos, ohne mich eines Blickes zu würdigen, geht er auf *Ali* und *Reza* zu, herzt beide mit einer provozierenden Gebärde, die mir offenbar schmerzhaft vor Augen führen soll, dass in der Welt seiner Gefühle die Mutter der eigenen Kinder keinen Platz mehr besitzt. Die Szene kränkt mich.

Während *Shahram* in die Küche geht, zünde ich mir zur Beruhigung eine Zigarette an. Gleichzeitig greife ich zum Telefonhörer und wähle die Nummer einer guten Freundin, von der ich mir ein ablenkendes Gespräch verspreche.

Mir ist klar, was in diesem Augenblick nebenan in der Küche passiert. Nicht erst heute hat mein Mann für sich Opium als einen besonderen Genussspender entdeckt. Leider schlägt der Versuch, meine Freundin zu erreichen, fehl. Offensichtlich ist sie nicht zu Hause. Lustlos stehe ich auf und folge *Shahram* in die Küche. Irritiert bin ich, trotz aller bisherigen Geschehnisse immer noch ein Gefühl der Anteilnahme für dieses von Drogen gezeichnete Gesicht zu besitzen. Während ich eintrete, ist er bereits damit beschäftigt, über dem Gasherd das Stimulantin mit Hilfe von zwei Strohhalmen und einem mit Wasser gefüllten Marmeladenglas nach Art einer Wasserpfeife zu inhalieren. Der anhaltende Lärm der Dunstabzugshaube unseres Gasherdes macht mich nervös und ärgerlich. Aufgebracht und unbeherrscht schreie ich ihn an: »Schämst du dich eigentlich nicht? Grußlos kommst du nach Hause und sprichst kein einziges Wort mit mir. Stattdessen rauchst du hier in unserer Küche Opium. Dass deine Kinder jeden Augenblick den Raum betreten und dich dabei sehen könnten, schert dich nicht im Geringsten! Wenn du es schon darauf anlegst, warum richtest du dich dann nicht an einem anderen Orte zu Grunde?« Betont langsam hebt er seinen Kopf: »Rauche ich etwa das Geld deines Vaters auf, he? Was regst du dich auf, *Roja*? Ich kann wirklich nicht erkennen, worüber du dich so ereiferst. Geh weg und lass mich einfach in Ruhe!«

Mit diesen Worten erhebt er sich und geht in unser Schlafzimmer. Ich eile hinter ihm her, bleibe aber in der Mitte des Wohnraumes stehen. Im Spiegel des Toilettentisches erblicke ich sein von Zorn und Drogen entstelltes Gesicht und Angst befällt mich. Plötzlich reißt er völlig außer sich den Kleiderschrank und die Schubladen unserer Kommode auf, zerrt, von Wut und Hass getrieben, alle meine Kleidungsstücke hervor und wirft sie aus dem Fenster auf den darunter liegenden Balkon. Die kalte Luft, die dabei ins Zimmer drängt, nimmt augenblicklich dem Raum jene Wärme, die uns die Sonnenstrahlen des Tages geschenkt hatten. Zunächst begreife ich nicht, was *Shahram* mit seiner Handlung bezweckt, und zünde mir hastig eine weitere Zigarette an. *Ali* und *Reza* beobachten stumm und verstört die bizarre Szene. Ich selber bin völlig durcheinander und komme erst durch die Stimme meines ältesten Sohnes wieder zu mir. »Mama, steh auf! Deine ganzen Kleider brennen.« Instinktiv werfe ich einen Blick auf unseren Balkon. Tatsächlich brennt es dort und mit jedem weiteren Kleidungsstück, das *Shahram* hinunterwirft, schlagen die Flammen höher. Vom Wohnzimmer aus schreie ich, so laut ich kann: »Was machst du denn da bloß? Warum verbrennst du all meine Kleider? du wirfst ja wirklich all unser Geld zum Fenster hinaus. Warum nur ist bei dir alles anders als bei normalen Menschen?« Mir ist nicht klar, ob er seine Sinne verloren hat oder mir durch diese Raserei seine Autorität beweisen will. Ohne zu antworten, setzt er das Werk seiner Vernichtung fort, bis Schrank und Kommode nichts mehr hergeben. Unsere erschreckten Nachbarn glauben, ein Brand sei im Hause meiner Schwiegereltern ausgebrochen und eilen uns, so schnell sie können, zu Hilfe. Über alle Maßen beschämt bin ich, weil es mir nicht gelingt, diesen gutherzigen Menschen die Verrücktheit meines Mannes zu erklären. Zwischenzeitlich haben die Flammen alles, was ich besitze, in ihrem gnadenlosen Fraß vernichtet. Nicht einmal ein Kopftuch haben sie übrig gelassen. So ist mir die Möglichkeit genommen, hinunter auf die Straße zu laufen, um in der Kälte des Tages meinen ohnmächtigen Zorn zu kühlen.

Dass *Shahram*, nachdem er sich ein Taxi bestellt hatte, bereits die Wohnung wieder verlassen hatte, bekam ich gar nicht mehr mit, so gefangen war ich von den Ereignissen der letzten Stunde. Der schwelende schwarze Rauch hatte zwischenzeitlich den ganzen Balkon verhüllt und verpestete die Luft um uns herum. Sofort verschloss ich alle Türen und Fenster, damit der beißende Qualm nicht in die Räume eindringen konnte. Das Schlafzimmer, ohnehin Ort meiner verletzten Gefühle, bot einen trostlosen Anblick. Alle Schranktüren waren weit geöffnet, die Schubladen der Kommode herausgerissen und der Boden mit unzähligen Kleiderbügeln übersät.

Nun also bin ich hüllenlos. Erst viel später wird mir klar werden, was mich, ungeachtet des materiellen Verlustes, an dieser Erkenntnis eigentlich so entsetzte. Kleidung, machte ich mir nachträglich bewusst, bietet uns allen Schutz vor den Widrigkeiten der Natur und verhüllt unsere Körper nach den gültigen Gesetzen von Sitte und Moral. Mit dem Verbot aber, Kleidung auch nach modischen Prinzipien zu tragen, hat man uns Frauen die Möglichkeit genommen, das Erscheinungsbild mit dem Ausdruck der Persönlichkeit zu prägen. Garderobe ist jetzt nicht mehr ein Zeugnis unseres Wesens, spiegelt nicht mehr unser Formgefühl und unsere ästhetischen Empfindungen wider. Optisch haben die Nachfolger des gestürzten Monarchen im Land alles Weibliche auf die Äußerlichkeit eines Gegenstandes reduziert. Und selbst diese Reduzierung soll für mich nach dem Willen meines Mannes künftig nicht mehr gelten. Anders konnte ich mir seinen Wahn und den damit verbundenen zügellosen Feuerzauber nicht erklären. Mit dem Raub meiner Garderobe hatte *Shahram* auch meine Würde entkleidet.

Hinter einem Vorhang aus Tränen betrachte ich mein blasses Gesicht. Die Blicke wandern schmerzvoll durch den Raum und bleiben an unserem Hochzeitsfoto hängen. Für einen kurzen Augenblick genieße ich mein Aussehen auf diesem Bild. Die durch eine dezente Make-up-Schicht geglättete braune Haut bietet meinen verträumten braunen, durch einen geschickt gesetzten Lidschatten noch größer wirkenden Augen einen harmonischen Zweiklang. Und dann ist da noch dieses glückliche Lächeln, mit dem ich im Moment des Blitzlichtes den Fotografen beglücke. Wie ich mich so mit rosig geschminkten Lippen in meinem noblen Brautkleid sehe, kommen mir Tränen. Was ist mir heute von alledem noch geblieben?

Plötzlich dachte ich an meine Stiefmutter, die mehr bekam, als ich ging. Eine Person weniger in der Familie bedeutete damals einen materiellen Zugewinn für die, die zurückblieben. Wer dazukam, wurde zur Belastung. Dies galt heute mehr denn je, und die Männer, die in diesem Haus regierten, ließen es mich täglich spüren.

Ali und *Reza* hatte das Ereignis sichtlich geschockt. Diese Beobachtung machte mich betroffen, und ich war zudem betreten, weil es mir nicht möglich war, ihnen das Erlebnis zu erklären. Dass zwischen ihren Eltern immer noch eine harmonische Bindung bestand, konnte ich den beiden schon längst nicht mehr überzeugend vermitteln. Ich entzog mich den fragenden Blicken meiner Söhne und wechselte in die Küche, um dort das verschmutzte Geschirr des Tages abzuwaschen. Welche Erinnerungen werden wohl *Ali* und *Reza* einmal mit der Szene des heutigen Tages verbinden?, dachte ich. Werden sie durch die Demütigung ihrer Mutter erkennen, dass Gleichberechtigung unter den

Geschlechtern einem Gebot gegenseitiger Achtung folgt und für alle von Vorteil ist? Oder werden sie sich *Shahram* unter dem Eindruck väterlicher Handlungen zum Vorbild erwählen und eine unrühmliche Tradition fortsetzen?

Ich vermochte diese Fragen nicht zu beantworten. Bewusst war ich mir aber, dass der Brand auf dem Balkon in die Köpfe meiner Söhne übergesprungen war. Was diese Glut dort vollbringen würde, war noch ungewiss. Aber das Vertrauen in beide schenkte mir Zuversicht.

Kapitel 12

Begrüßung und Abschied

Wenn uns die ganze Menschheit nicht will,
gelingt uns vielleicht die Bande mit einem Individuum.

So unvermittelt *Shahram* in der Rolle eines Sturmes bei uns aufgetaucht war, so schnell verlor sich seine Spur auch wieder. Derart zurückgelassen wurde mir klar, dass ich auch in nächster Zeit für meine Kinder und mich den Lebensunterhalt allein aufbringen mußte. Mein Mann liebte die Drogen und andere Frauen. Dagegen war ich machtlos, das hatte ich inzwischen erkannt. Mit Worten, Gesten und Gefühlen konnte ich diesen Menschen schon längst nicht mehr erreichen. Zudem gab es in unserer Gesellschaft kein Gesetz, das mich vor *Shahram* und meiner bedrohlichen Lebenssituation hätte schützen können.

Zuspruch erhielt ich nur durch meine Schwiegermutter. In diesen Tagen war sie mir mehr denn je wertvoller Halt und Trost. Oft fragte ich mich, wie es mir wohl in dem Haus ohne jene treue Seele ergehen würde. Der jähzornige Anfall ihres Sohnes hatte diese Frau noch näher an mich heranrücken lassen und ich spürte deutlich, dass dessen unselige Taten sie bei weitem mehr quälten als mich. Binnen drei Tagen hatte mir *Shahrams* Mutter bereits eine Vielzahl meiner Kleider ersetzt und beruhigte mich mit dem Versprechen, schon in den kommenden Wochen die restlichen Verluste auszugleichen. Sie hatte nicht vergessen, dass durch meine eigene Arbeit die in Flammen aufgegangene

Garderobe den Weg in meinen Kleiderschrank gefunden hatte.

Wieder einmal war mir das Schreiben eine willkommene Ablenkung und schenkte mir schönste Momente. Im Alltag von Zuspruch und Anerkennung nicht gerade verwöhnt, gefiel es mir, wenn mein Spiel mit Gedanken und Worten im Umgang mit Gleichgesinnten Lob und Bestätigung erfuhr. Dieser Kreis wuchs beständig und es war *Mohammad*, der mir unter meinen Liebhabern kunstvoller Literatur und Gedichte besonders nahe stand. Von Beruf war er Schreiner und erst seit kurzem verheiratet. Mir gefiel seine große, kräftige Gestalt und sein Haar, dem jeglicher Ansatz einer Frisur fehlte. Sein Gesicht hingegen verlor für mich an Schönheit, je öfter ich es betrachtete. Doch dieser ästhetische Verlust in meinem Blick störte mich nicht im Geringsten. Etwas anderes zog mich an diesem Mann an. Es war seine fast greifbare Wahrhaftigkeit, in der sich alles Ehrliche, Liebevolle und Herzliche des menschlichen Wesens verband. Zu ihm fühlte ich mich mehr als zu irgendeinem anderen Menschen hingezogen. Heute kann ich sagen, dass ich alles, was ich habe, diesem wirklich wunderbaren Schreiner verdanke.

Mohammad war ein Mann des aufrichtigen Glaubens, was durch seine Umgangsformen und moralisch einwandfreie Lebensführung deutlich zu erkennen war. Bereitwillig trug er die Verantwortung für seine große Familie. Zu der zählte unter anderem sein bettlägeriger Vater und ein verheirateter, ebenfalls sehr kranker Bruder. Unglücklicherweise lebte *Mohammad*s Frau für sich in einer eigenen, abgeschlossenen Welt, zu der niemand einen Zugang erhielt. Unvorstellbar blieb mir, wie die beiden gemeinsam unter dem

Dach der Ehe leben konnten, und selbst heute finde ich auf meine neugierige Frage von damals keine rechte Antwort. Obwohl meine Begegnungen mit *Mohammad* der Zahl nach eher bedeutungslos waren, geriet er mir doch durch seine Liebenswürdigkeit und warmherzige Art schnell zu einem nahen und treuen Weggefährten. Schon bald bemerkte ich, dass unser gemeinsamer Kontakt nicht von allen richtig gedeutet wurde. Überall sind Menschen gern dazu bereit, der reinen Freundschaft zwischen den Geschlechtern vordergründig eine erotische Komponente zu unterstellen, und schneller als die Betroffenen es erahnen können, sind sie bereits zum Spielball schwüler Gerüchte avanciert. Hier bildeten die keuschen und tugendhaften Bewohner meiner Stadt keine Ausnahme. Fortan berücksichtigte ich deutlich stärker ihre Fähigkeit zur Phantasie und mein Verhalten gegenüber dem neuen Freund geriet makellos in den Augen der Moralisten. Ein Getuschel konnte schnell zu Schnee werden, der sich vom Gipfel des Berges löst und als Lawine alles unter sich begräbt. Ich aber war nicht stark genug, gegen eine perfide Fama anzukämpfen.

Shahrams Mutter reiste für zehn Tage nach *Shiraz*. Jeden Tag telefonierten wir miteinander. Trotzdem war ihre Abwesenheit im Haus spürbar. Am Abend ihrer Abreise wurde ich zur Hochzeitsfeier eines Bruders von *Mohammad* eingeladen, doch ich lehnte ab. Zu viel Angst hatte ich mittlerweile vor den bohrenden und vieldeutigen Blicken der Gäste. Schon längst waren meine Eheprobleme öffentliches Gespräch und das ständige Lästern hinter meinem Rücken tat mir weh. Zudem lag es mir fern, als alleinstehende Frau provozierende Blicke der Männer auf mich zu ziehen und damit die Eifersucht ihrer anwesenden Frauen zu wecken.

So blieb ich an diesem Abend allein daheim und mied die Gesellschaft der anderen.

Mein ganz besonderes Augenmerk galt jetzt der Erziehung meiner Söhne. Die erschien mir in einer Situation sich täglich verschlechternder Lebensverhältnisse besonders wichtig. Mit denen nämlich wuchs meine Angst vor unserer Zukunft. Zwei heranwachsende Söhne waren mir anvertraut, deren Vater sich der Verführung durch Rauschmittel und der Verlockung von Frauen ergeben hatte, bis er zu keiner materiellen Sicherung seiner Familie mehr fähig war. Weiterhin befanden wir uns in einem Krieg, dessen Ende nicht absehbar war, und lebten in einer Gesellschaft, die jegliches Rechtsempfinden gegenüber uns Frauen vermissen ließ. Ich sah keinen Weg der Rettung mehr und die Aussichtslosigkeit unserer Situation fraß meine Seele.

Der Frühling steht unmittelbar bevor und damit beginnt in Kürze nach unserem Kalender das neue Jahr. Die Abwesenheit meiner Schwiegermutter bedrückt mich. Zu allem Überfluss ist auch noch *Ali* an Masern erkrankt. Trotz einer Impfung will sein hohes Fieber einfach nicht fallen und ich sorge mich, fühle mich hilflos und allein gelassen. Gott sei Dank wird *Shahrams* Mutter morgen wieder zurück sein. Ich bete, dass die hohe Temperatur meines kranken Kindes schnell sinkt. Üblicherweise bin ich bemüht, meinem Schwiegervater aus dem Wege zu gehen. Doch da die gute Seele dieses Heimes morgen wieder bei uns sein wird, will ich, nachdem ich meine eigene Hausarbeit bewältigt habe, schnell in ihrer Wohnung nachschauen, ob die Putzfrau ihre tägliche Arbeit wirklich ordentlich verrichtet hat. Schon bin ich auf dem halben Treppenabsatz, da höre ich hinter mir die leichten barfüßigen Schritte von *Reza*, der mir weinend folgen will. Umgehend laufe ich die bereits zurückgelegten Stufen zu ihm hinauf, umarme ihn, während er mit seinen kleinen Händen unbeholfen meinen Hals fest an sich zieht. Gemeinsam gehen wir zum Schwiegervater hinunter. *Reza* bleibt im Eingang der Wohnung zurück, während ich die Küche aufsuche. Es vergeht einige Zeit, bis ich wieder bei ihm bin. Mit einem weißen Pulver vor dem Mund wankt mir mein Sohn entgegen. Sofort erkenne ich, dass ihm etwas zugestoßen ist, denn vor ihm auf dem Boden liegt eine aufgebrochene Packung besonders stark wirkender Schlaftabletten. Schnell hebe ich den Kleinen auf, laufe mit ihm zum Waschbecken und versuche mit zitternden Händen das Medikament aus seinem Mund zu entfernen. Es gelingt mir nicht. *Reza* ist bereits in einen tiefen Schlaf gestürzt. Da mein Schwiegervater nicht anwesend ist, laufe ich mit meinem Kind im Arm schreiend zur Putzfrau und bitte Frau *Narges*, auf den fiebernden *Ali* aufzupassen. Danach renne ich, so schnell mich meine Füße tragen können, mit dem ohnmächtigen *Reza* durch unsere endlos lange und enge Gasse, überspringe dabei Bordsteine, schneide entgegenkommenden Menschen in den Biegungen den Weg ab in der Hoffnung, noch rechtzeitig das Krankenhaus zu erreichen. Dabei schlägt mir mein Herz bis zum Hals. Kaum bin ich mehr im Stande zu atmen, mobilisiere meine letzten Kräfte. Die Hauptstraße kann nicht mehr weit sein. Plötzlich hält vor mir ein Fahrzeug, fährt augenblicklich ein Stück in meine Richtung zurück. Vielleicht hat da jemand gesehen, dass ich dringende Hilfe nötig habe. Schon steigt der Fahrer aus, macht die Hintertür seines Wagens auf. Wortlos setzte ich mich hinein und indem mir alle Energie aus dem Körper weicht, beginne ich hemmungslos zu weinen. Deutlich spüre ich die Nervosität des unbekannten Fahrers, höre verzerrt seine Stimme, die mich nach dem, was geschehen ist, befragt. Doch mir ist, als sei mein Mund verschlossen. Schon haben wir das Krankenhaus erreicht. Blitzschnell springe ich aus dem Fahrzeug und renne mit *Reza* in das Gebäude. »Ich bitte Sie, gehen Sie doch um Gottes Willen zur Seite. Mein Sohn wird sterben. Machen Sie Platz, bitte.« Die um mich herum stehenden Menschen reden auf mich ein, doch ich verstehe sie nicht. Es ist mir auch nicht wichtig. Plötzlich verschwimmen die Umrisse vor meinen Augen und meine Beine verweigern ihre Funktion. Die markante Stimme eines älteren Herrn dringt an mein Ohr: »So heben Sie sie doch auf. Man kann sie doch hier nicht liegen lassen.« Selber bin ich viel zu müde, um aufzustehen. Wie lange ich mich dem Zustand der Ermattung hingebe, kann ich nicht einschätzen. Meine Erinnerung belebt sich erst wieder mit den beruhigenden Worten der neben mir knienden Frau: »Meine Tochter, weine doch nicht. Man hat soeben deinem Sohn den Magen ausgepumpt. Er ist gerettet. Sorge dich nicht weiter.« Langsam beruhige ich mich, die Angst weicht aus meinen Beinen und ich überlasse mich weiterhin dem stillen Fluss meiner Tränen. Mein Gott, ist die Gefahr wirklich vorbei?

Reza schläft noch immer. Sein Gesicht ist ganz blass. Der Arzt erklärt mir, dass mein Kind, sobald es erwacht, von einem kräftigen Schwindel erfasst werden wird. Ich soll mir keine Sorgen machen, beruhigt er mich, es bestehe keine Gefahr mehr für den kleinen Patienten. Ich nehme *Rezas* Hände, liebkose und küsse sie. Hinter mir vernehme ich eine Stimme, der ich sofort vertraue. Es ist die des Fahrers, der uns hierher gebracht hat: »Kann ich irgendetwas für Sie tun? Wenn Sie möchten, warte ich, um Sie später nach Hause zu fahren.« Ohne mich umzudrehen, antworte ich ihm mit meiner müden Stimme: »Nein, mein Herr, vielen Dank, Sie haben bereits zu viel für uns getan.« Ich erhalte keine Antwort. Vielleicht hat er sich schon verabschiedet und ich habe es nicht gehört. Ich bin noch zu verwirrt, um die Geschehnisse um mich herum gänzlich zu erfassen.

Noch zwei Stunden verbrachte ich mit *Reza* unter ärztlicher Beobachtung, dann durften wir die Ambulanz verlassen. *Reza* schlief weiterhin. Ihn fest im Arm fuhr ich in einem Taxi zurück. Vor der Eingangstür unseres Hauses wartete Frau *Narges*. Still schüttelte ich zum Zeichen, dass alles in Ordnung sei, den Kopf. Die Nachbarin berichtete, dass *Ali* am Nachmittag etwas gegessen habe und danach in seinem Fieber wieder eingeschlafen sei. Ich dankte ihr. In der Wohnung zog ich *Reza* behutsam aus und hüllte seinen kleinen, zerbrechlichen Körper in einen Schlafanzug aus einem besonders weichen Stoff. Danach legte ich ihn in sein Bett. Der Zeiger der Uhr wies auf die Neun. Durch das geöffnete Fenster streifte eine kühle Abendbrise leicht mein Gesicht und gab mir Ruhe. Ich zündete eine Zigarette an. Die tiefen Züge schienen den Grad meiner Erschöpfung erhöhen zu wollen. Meine Gedanken verfolgten noch einmal die Geschehnisse des Nachmittages. Wie ein Wunder erschien mir nun die Rettung meines Sohnes und ich dankte Gott aus tiefem Herzen für den guten Ausgang. *Reza* schlief weiterhin fest und ruhig, während *Ali* noch wach war. »Wann kommt Großmutter morgen an?«, fragte er. Ich küsste ihn und antwortete beim Verlassen des Raumes: »Sicherlich schon sehr früh. Sie weiß doch, wie sehr du sie vermisst und ungeduldig auf sie wartest. Wenn du aufwachst, ist sie bestimmt schon im Haus.« Ich trat erneut vor das geöffnete Fenster und wollte mir unbewusst eine weitere Zigarette anzünden, spürte aber, dass in meiner Lunge kein weiterer Raum für Nikotin war. Was war das heute für ein Tag gewesen, an dem Gott mich und meine Kinder auf so erstaunliche Weise beschützt hatte? Plötzlich erinnerte ich mich an den unbekannten Fahrer. Ich schämte mich und empfand ein sonderbares Gefühl der Befangenheit. Hatte ich mich eigentlich bei ihm dafür bedankt, dass er *Reza* das Leben gerettet hatte? Ich konnte mich nicht mehr erinnern. In dieser Nacht ahnte ich nicht, dass jener junge und hilfsbereite Mann einmal in ganz besonderer Weise mein weiteres Leben prägen würde. Froh war ich über die bevorstehende Rückkehr meiner Schwiegermutter, und voller Sehnsucht nach ihrer Anwesenheit überließ ich mich für wenige Stunden einem leichten Schlaf.

Nach einem Albtraum erwachte ich zu sehr früher Morgenstunde und bemerkte sofort eine für die Tageszeit unübliche Unruhe im Haus. Was war denn los? War Schwiegermutter schon zurück? Schnell streifte ich mir mein Kleid über, warf einen flüchtigen Blick auf die noch schlafenden Kinder und stieg rasch die Treppe hinunter. Die Vielzahl der Menschen im Raum irritierte mich. War vielleicht Schwiegervater etwas zugestoßen? Bereits seit längerem sorgten wir uns um seinen Gesundheitszustand und mussten nach Auskunft seines behandelnden Arztes jederzeit mit einer Herzattacke rechnen. Doch meine Vermutung war falsch gewesen. Der alte Offizier stand aufrecht in einer aufgebracht gestikulierenden und lautstark lärmenden Schar von Nachbarn und Bekannten. Sofort spürte ich, dass sich etwas Schreckliches und Unvorhergesehenes ereignet haben musste. »Was ist denn hier los?«, rief ich jetzt mit bebender Stimme. Unwillkürlich drehten sich alle zu mir um und verstummten. Eine bleierne Ruhe lastete plötzlich auf uns allen. Nach einer kurzen Pause kam meine Schwägerin mit Tränen in den Augen auf mich zugeeilt. »Roja«, schluchzte sie, »Mutter ist von uns gegangen. Sie ist tot.« Das konnte nicht wahr sein. Fassungslos fiel ich auf die Knie. Sogleich setzte das Gewirr klagender Stimmen wieder ein, lauter und intensiver als zuvor. Dem akustischen Durcheinander entnahm ich nur Wortfetzen. Offenbar hatte es ein Busunglück mit zweiundvierzig tödlich verunglückten Fahrgästen gegeben und einer von ihnen war der gute Geist dieses Hauses gewesen. Oh Gott, wie war das möglich? Vor wenigen Stunden erst hatte der Herr in seiner Güte eines meiner Kinder den Armen des Todes entrissen und nun nahm er mir den einzigen Menschen, der unserem Leben Schutz bot.

Das schwarze Kamel, das vor jeder Tür nieder kniet, hatte uns alle auf dem Friedhof zusammengeführt. Gemeinsam warteten wir auf den Leichnam, der uns, wie in meinem Land üblich, in einem Krankenwagen gebracht werden sollte. Sobald das Fahrzeug mit der Toten eintraf, floss ein Strom von Tränen durch die Gemeinde. Ich selber stand abseits der Menge und beobachtete die Trauernden mit kritischem Blick. Seit der Beisetzung meines Großvaters unterteilte ich sie in drei große Kategorien. Da waren zum einen die lautstark Lamentierenden. Sie zeigten Anteilnahme, weil dies dem guten Ton, allgemeiner Erwartung und der Konvention entsprach. Ich nannte sie Heuchler. Dann gab es da noch die mit aufrichtigem Schmerz Kondolierenden. In ihnen drückte sich das Leid bereits bedeutend leiser aus. Allerdings litten diese aufrichtigen Menschen hauptsächlich wegen des Verlustes, der ihnen persönlich durch den Tod bereitet wurde. Sie weinten ehrlich über die eingetretene Leere in ihrem eigenen Leben. Damit aber betrauerten sie sich vor allem selber. Letztlich waren mir noch die

Stillen aufgefallen. Deren Klage wandte sich allein und ausschließlich an die Toten. Sie weinten, weil ein Mensch aus ihrem Blick verschwand, der nach ihrer Einschätzung auf Grund seiner Lebensführung eine Fortsetzung seines Daseins verdiente. Ihr Schmerz galt selbstlos und ausdrücklich dem Verblichenen. Damit wurde für mich Stille am Ort eines Begräbnisses der alleinige Maßstab für ein wahrhaftes und aufrichtiges Trauern.

Leider war zu dieser Stunde und an diesem Ort von Stille wenig zu spüren. Stattdessen beobachtete ich überall ein aufgesetztes Mitleid, das letztlich selbst vor mir nicht Halt machte. Man bedauerte mich, weil ich plötzlich im Hause *Shahrams* schutzlos geworden war. Doch die tröstenden Worte erreichten mich nicht. Wollte denn keiner begreifen, dass mich in dieser Stunde ein derartiger Zuspruch nur abstieß? Hier trugen wir gemeinsam eine Frau zu Grabe, die in der Zeit ihres Lebens nur mit dem Herzen gedacht hatte. Ihr galt in diesem Augenblick mein ganzer Schmerz. Alle übrigen Gedanken verboten sich.

Wolken hatten sich über uns zusammengezogen und es sah nach Regen aus. Vorsichtig lugte die Sonne hervor, so als wollte sie beobachten, wie ich mit meinem neuen Schicksal umging. Mein eigener Blick fiel auf die Grabstätte. Schwiegermutter war eine Frau mit starker Figur gewesen, die es verstanden hatte, sich elegant und vorteilhaft zu kleiden. Jetzt mutete man der Armen zu, sich in einem weißen Laken von uns zu verabschieden, das ihr lieblos um den welken Körper gewickelt worden war. Derart vor uns aufgebahrt, hatte ich den Eindruck, einer friedlich Schlafenden zu begegnen, die selbst in der Hand des Todes noch nichts von ihrem Charisma früherer Tage eingebüßt hatte. Und doch würde sie sich künftig nicht mehr um meine Kinder und mich kümmern. Willenlos reihte ich mich in die Schar der Anwesenden ein, besaß aber nicht die Kraft, mich dem offenen Grabe zu nähern. Vergeblich hatte ich gehofft, genügend Stärke in mir zu tragen, aber es ging nicht. Schließlich hatte uns *Shahrams* Mutter für immer verlassen. Eine Rückkehr gab es nicht. Plötzlich wurde mir der Ort hier unerträglich und ich verspürte ein starkes Verlangen zum Aufbruch. Niemand der Anwesenden interessierte mich. Nach Hause wollte ich zu meinen kleinen Küken und mich trösten mit ihrer Nähe.

Ganz leise machte ich mich auf den Weg. Niemand bemerkte mein Gehen.

Oh,
was ist dir widerfahren,
du Einsame und Reine?
dein Leben war voller Seufzer.
Nun besitzt du ein Grab
und dieser Ort ist für dich angenehmer,
als es das Leben je war.

Nun hat der Himmel
deine Einsamkeit geborgen.
du Allein gelassene
warst Morgendämmerung meines Lebens.
Jetzt kennst du das Geheimnis
der Ewigkeit
und ich beginne zu ahnen,
was dir widerfahren ist.

Kapitel 13

Schutzlos

Auf dem Heimweg stand ich noch ganz unter dem massiven Eindruck der Friedhofsszene. Mein Gemüt fühlte sich von Leid und Schmerz überwältigt. Hinzu kam jetzt neben dem Verlust der Toten auch meine Sorge um unsere Zukunft, die zuvor durch die Anwesenheit meiner Schwiegermutter gesichert erschien. »Recht früh fällst du unter den Trauernden aus der dritten Kategorie, um dich in die zweite einzureihen«, dachte ich und meine Zukunftsängste ließen mich augenblicklich außer Atem geraten.

Als ich daheim ankam, war das Haus immer noch gefüllt von einer Vielzahl weinender Stimmen und ungezügelt gestikulierender Hände. Inmitten dieser lärmenden Menge geriet ich augenblicklich zu einer Statue, die dem Treiben wortlos zusah. Angst und Erstaunen schienen mich lähmen zu wollen. Unmöglich war es mir, zu akzeptieren, dass die Großmutter meiner Söhne nicht mehr unter uns weilen sollte. Konnte im Leben alles so schnell vorbei sein? War es möglich, dass Gott das Heft eines Lebenden derart unerwartet für immer schloss? Nicht in Worte fassen konnte ich, wie stark der Tod dieses Menschen meine Seele verwundet hatte. Die nahm plötzlich den bitteren Geschmack des Grauens an und setzte mein unruhiges Herz in Brand. Alles in mir wehrte sich gegen die Gewissheit dass eine eigene kleine Welt der Liebe und Geborgenheit in wenigen Stunden unter der Erdoberfläche verschwand.

Überall im Haus verströmte sich noch der Duft ihres Körpers, so als ob sie über den Weg unserer Sinne ihren Abschied verleugnen wollte. Schnell ging ich die Treppe hinauf in meine Wohnung. Erschöpft lehnte ich mich an die Wand, hörte atemlos auf mein klopfendes Herz. In wenigen Stunden war für mich ein ganzes Jahr vergangen.

Die Kinder sprachen kein Wort, und ihren Blicken hielt ich nicht stand. *Reza* lief mir zögerlich entgegen, was einem Hauch von Trost gleichkam. Deutlich spürte ich, dass uns alle drei der Tod der Großmutter ruinieren würde. Es gab nur ein Ziel: Ich musste den Gedanken, zurückgelassen worden zu sein, verdrängen. Nur so würde es mir gelingen, Kraft zu schöpfen, für die Zeit, die noch vor uns lag. Doch fiel dies schwer angesichts der sich ausbreitenden Leere in diesem Haus. Wo sich *Shahram* aufhielt, wusste ich nicht. Hier war er zumindest nicht, und das, obwohl er über den Tod seiner Mutter informiert war.

Das Telefon klingelt. Am anderen Ende der Leitung ist *Mohammad*. Auch ihn hat die Nachricht vom Tode meiner Schwiegermutter erreicht und er weiß nur zu gut, was dieser Tod für mich und mein Leben bedeutet. Mit dem beruhigenden Ton seiner Stimme fließt augenblicklich ein milder Strom der Gelassenheit behutsam durch meine Glieder und ich frage ihn maliziös: »Übrigens, wie ist das, ein Leben ohne Kummer und Leid?« »Sehr langweilig und besitzt überhaupt keinen Sinn«, lautet seine kurze Antwort. Ich muss lächeln. *Mohammad* ist der Einzige, der meinen inneren Schmerz wirklich versteht. Er spürt, dass ich mich in diesem Augenblick nach keinem Gespräch sehne, und verabschiedet sich mit knappen, aber herzlichen Worten.

Inzwischen waren die Trauergäste vom Friedhof zurückgekehrt. Das lautstarke Geräusch ihres aufgesetzten Tränenstromes stieß mich weiterhin ab. Spontan entschloss ich mich, die Kinder für die Dauer der Beerdigungsfeier in das Haus meines Vaters zu bringen. Ihre jungen Seelen schienen mir bereits ausreichend strapaziert. Der Augenblick, meinen Vater um Unterstützung zu bitten, war gut gewählt. Es entspricht der Art meiner Landsleute, im Moment des akuten Schmerzes Trauernden hilfsbereit und netter als sonst üblich zu begegnen. Und da dieser Moment nur von kurzer Dauer ist, muss man ihn ausnutzen. Mein Vater kam, um uns abzuholen. Nichts hatte ich ihm zu sagen. Gerade jetzt konnte ich nicht vergessen, wer die Quelle meiner unheilbaren Schmerzen war. Trotzdem wusste ich *Ali* und *Reza* am Ort meiner eigenen Kindheit gut aufgehoben. Dennoch blieb ich unruhig. Etwas drängte mich, zum Friedhof zurückzukehren. Noch einmal musste ich zu ihr gehen.

Eine halbe Stunde später fuhr ich mit dem Wagen meines Vaters an den Ort, der jetzt befreit war von allen klagenden Stimmen. Alles schien ruhig und ein Hauch von Schwermut lastete über den Gräbern. Beklommen machte ich mich auf den Weg. Mir war, als kämpften meine Schritte gegen den Sog einer unbekannten Macht, die mich um jeden Preis vor einer neuen Begegnung schützen wollte. Endlich am Ziel angekommen, fiel ich unwillkürlich auf die Knie und daraufhin ohne nähere Überlegung in ein Zwiegespräch mit der hier vor Stunden noch Beweinten. Jetzt, wo Stille um mich war, spürte ich, dass auch ich ihr Tränen schuldete. Ein kräftiger Wind war zwischenzeitlich durch die niedergelegten Blumengebinde gegangen und verstreute die tänzelnden Blätter in alle Richtungen. Niemand war anwesend und so konnte ich plötzlich ohne Mühe die Einsamkeit meiner vertrauten Toten beweinen. Wie lange ich so in mich versunken dasaß, weiß ich heute nicht mehr. Dennoch erinnere ich mich deutlich an jene vertraute Stimme, die mich, indem sie meinen Namen rief, förmlich erweckte. Zögernd drehe ich meinen Kopf dieser Stimme entgegen. Dabei unternimmt der Wind einen beherzten Versuch, mir mein Kopftuch zu stehlen, und ich frage mich, muss ich nun meine Haare verdecken oder meine Tränen? Diese Augen hier, die mich blutvoll betrachten, wo haben sie sich schon einmal mit meinem Blick verbunden? Sie sind mir bereits an einem anderen Ort begegnet, dessen bin ich mir sicher. Doch Ort und Zeit verschließen sich meinem Gedächtnis. Diese Pupillen besitzen den Glanz eines stillen Schmerzes, der jener Toten hier angemessen ist. Und da diese Augen beherzt zu mir sprechen, darf der Mund schweigen. Und trotzdem: Hat jener Mann vergessen, was er mir mitteilen will, oder ist auch er nur wie ich einfach verzweifelt? So, in meine Gedanken verstrickt, erhebe ich mich, denn der Boden ist kalt geworden. Meine Füße zittern. Verlegen drückt er mir sein Beileid aus, um mich sogleich mit besorgter Stimme zu fragen: »Wie geht es eigentlich Ihrem kleinen Sohn?« Ich schrecke zusammen. Er ist der Fahrer, der vor zwei Tagen *Reza* und mich in das Krankenhaus gebracht hat. Abrupt drehe ich meinen erstaunten Blick zur Seite, bekomme plötzlich Angst, uns könnte jemand bei dieser Begegnung heimlich beobachten. Überhastet antworte ich: »Gut, ich habe mich noch nicht einmal bei Ihnen bedankt.« Doch wie schon bei unserer ersten Begegnung wartet er auch diesmal keine meiner weiteren Reaktionen ab, will mir offenbar in der Öffentlichkeit keine Unannehmlichkeiten bereiten und strebt wortlos seinem Auto zu, das *Reza* vor Tagen sicher an den Ort seiner

Rettung befördert hat. Ebenso rasch, wie er gekommen ist, verschwindet mein Gesprächspartner wieder, und ich? Ich stehe da, verwirrt und doch irgendwie versteinert.

In völliger Unruhe umkreisen meine Gedanken diesen Jüngling. Wer war er und wieso kam er für den Hauch eines Augenblicks auf diesen Friedhof? Woher kannte er meinen Namen? Nachdenklich fahre ich zum Haus meines Vaters zurück. Ungeordnet und turbulent laufen mir die Gedanken jetzt durch den Kopf und erst als ich meine Kinder im Arm halte, fällt mir auf, welch eine starke Sehnsucht mich die ganze Zeit zu ihnen zog.

Während *Mehri* mir *Reza* in den Arm legt, berichtet sie von der Ungeduld, mit der mein Sohn mich erwartet hat. »Dieser Junge richtet sich genauso wie du vor Sehnsucht zu Grunde!«, spricht ihr verständnisvoll lächelnder Blick. Auch *Ali* schaut mich mit einem unschuldigen Lächeln an, das mir augenblicklich dringend benötigte Kraft gibt. Beherzt schließe ich beide in meine Arme und lache. Offenbar ist es möglich, selbst in Stunden seelischen Schmerzes für einen Augenblick innerlich zu leuchten.

Tage später brachte uns Vater wieder nach Hause. Erneut wurde zwischen uns kein Wort gewechselt. Warum fragte er nicht nach dem Befinden seiner Tochter? Spürte er nicht, wie unglücklich ich war? Plötzlich rollten Tränen über meine Wangen, Tränen, die meinen Vater unwirsch werden ließen, ohne seine Schweigsamkeit zu brechen. Mittlerweile waren wir an unser Ziel gelangt und gemeinsam dem Wagen entstiegen. Nur zögerlich folgte ich der kleinen Gruppe. Wieder war im Haus eine beträchtliche Zahl trauernder Gästen anzutreffen. Ohne sie weiter zu beachten, gingen wir die Treppe nach oben. Sofort spürte ich die Anwesenheit *Shahrams* im Haus und das Blut schoss mir ins Gesicht. Wie ein Blitzlicht flackerte ein Gedanke in mir auf: Findet denn die Qual dieser Tage überhaupt kein Ende? Ich nahm an, dass er wegen seiner verstorbenen Mutter gekommen war, und doch bewegte er sich im Haus seiner Eltern wie ein Fremder. Minuten später stand er vor mir und ein Ansturm tosender Gefühle ließ mein Herz verkrampfen. *Shahram* wandte sich zuerst den Kindern zu, küsste und umschmeichelte sie, als sei er ihnen zu keiner Stunde fern gewesen. Seine Heuchelei stieß mich ab und ich gestand mir ein, zum ersten Mal in meinem Leben einem Menschen feindselig zu begegnen. Endlich bekam seine Mutter Frieden vor ihm. Frieden auch vor seinem brutalen Vater, dem er im Wesen schon seit langem auf so abstoßende Weise glich.

Ich spürte, wie *Shahrams* schmutziger Blick meine Figur taxierte. Plötzlich erschien es mir absurd, dass ich als Trauernde vor ihm stand, während er, der eigene Sohn, zu keiner Anteilnahme fähig war. Schweigend brachte ich die Kinder zu Bett.

Wieder in unseren Wohnraum zurückgekehrt, zünde ich mir eine Zigarette an und gehe auf die Terrasse. *Shahram* folgt mir. In diesen turbulenten Tagen verspüre ich nicht den geringsten Hunger. Stattdessen rauche ich unentwegt. In tiefen Zügen inhaliere ich das Nikotin, starre dabei gedankenlos in den Himmel. Deutlich spüre ich einen heißen Atem hinter meinem Rücken. Ablehnung und Unmut steigen in mir auf und plötzlich ist sie da, diese ölige Stimme, die selbstgefällig und provozierend zugleich in die Leere meines Kopfes eindringt: »Hattest du keine Sehnsucht nach deinem Mann?« Abrupt werfe ich meine brennende Zigarette weg und drehe mich um: »Gut, dass du gekommen bist, sonst würde ich heute Abend bestimmt zu Grunde gehen!« Ich stoße ihn zur Seite und flüchte die Treppe hinunter, vorbei an lärmenden Gästen, hin zum Hof, dessen Stille mein Ziel sein soll. Im Vorbeigehen treffe ich auf den verschlagenen Blick meines Schwiegervaters. Zutiefst erschrocken, beginne ich zu erahnen, was mir und meinen Kindern in diesem Haus in Kürze noch bevorstehen wird. Doch Minuten später befinde ich mich schon wieder im oberen Stockwerk. Warum mich meine innere Unruhe erneut hierher zurückgetrieben hat, weiß ich mir nicht zu erklären. Erneut baut sich *Shahram* mit der vollen Größe seines Körpers vor mir auf. Doch diesmal schneidet er mir den Fluchtweg ab. »Ich muss mit dir reden«, sagt er, »aber ich weiß nicht, was ich dir sagen soll.« Erregt erwidere ich ihm: »Du sollst nicht reden. Du sollst handeln, an uns denken, an deine Kinder und mich. Immerhin sind wir alle vier eine Familie. Deine Mutter ist gestorben und es kann sein, dass uns dein Vater aus diesem Haus wirft. Was sollen wir dann machen?« Seine Antwort lässt nicht auf sich warten. »Warum gehst du nicht einfach zurück in dein Elternhaus? Dein Vater ist gerade hier. Er kann dich sofort mitnehmen.« Konsterniert antworte ich ihm: »Wie stellst du dir das vor, mit zwei kleinen Kindern?« »Welche Kinder?«, bebt seine zornige Stimme. »Dies hier sind meine Kinder. Du kannst hingehen, wohin du willst. Aber wenn du gehst, dann gehst du allein!« Ohne ein Wort meiner Entgegnung abzuwarten, lässt er mich im Raum stehen. Wieder einmal stellt sich das Gefühl ein, allein gelassen worden zu sein.

In dieser Nacht waren meine Empfindungen der Trauer ganz besonders sensibilisiert, meine Gefühle über alle Maßen verletzt, die Angst vor dem Leben unbeschreiblich. In diesem Zustand warf ich die gesamte Welt meiner Emotionen auf das Papier und am nächsten Morgen hatte ich sie mit dicker Schrift auf große Schilder aus Holz übertragen. Es war *Haftom Serimonie*, der siebente Tag nach dem Tod meiner Schwiegermutter, als ich sie auf Pfeilern rund um ihr Grab aufstellte. An diesem Tag brachten meine Schriften alle auf dem Friedhof zum Weinen. Kein Trauersänger konnte Hinterbliebene, die bereits alle Tränen vergossen hatten, erneut derart zum Schluchzen bringen wie diese Worte. Meine Schwägerin war so ergriffen, dass ihre Klage nahe daran war, mein Herz zu brechen. Erst jetzt erfuhr ich, dass sie schwanger war, und besorgt beobachtete ich, wie sich ihr Mann vergeblich bemühte, sie zu beruhigen.

Bei unserer Rückkehr war das Haus immer noch mit trauernden Gästen gefüllt und *Shahram* gerade im Begriff, sich von ihnen zu verabschieden. Der Augenblick seines Aufbruches ließ mein Herz blutige Tränen weinen. Seine Gleichgültigkeit uns gegenüber und die neugierigen Blicke der Beobachter im Raum erniedrigten mich.

Als *Chehelom Seremonie*, der 40. Tag nach dem Tod meiner Schwiegermutter, verstrichen war, hatten sich bereits im ganzen Haus alle Schatten der Traurigkeit verflüchtigt. Das Wetter bescherte uns jetzt wieder wärmere Temperaturen und abends hörte mein Schwiegervater nach alter Sitte unter mir auf der Terrasse seine Lieblingsmusik. Der leere Platz seiner Frau neben ihm schien ihn nicht weiter zu stören. Erneut wurde mir die Ähnlichkeit der Charaktere von Vater und Sohn bewusst.

Am ersten Freitagabend nach *Chehelom Seremonie* suchte ich erneut das Grab meiner Schwiegermutter auf. Unter Tränen entschuldigte ich mich bei ihr für die Meinungsverschiedenheiten, die ich seit langem mit ihrem Sohn austrug. Es war schwer für mich, die richtigen Worte zu finden, und die Gewissheit, dass sie meine Gedanken nicht erreichen würden, steigerte meine Hoffnungslosigkeit ins Unerträgliche. Erschöpft kehrte ich am Abend heim, brachte die Kinder zu Bett und überließ mich meiner eigenen Müdigkeit. Doch war es für mich nach dem Tod von *Shahrams* Mutter noch schwieriger geworden, nachts in den Schlaf zu finden. In diesen Stunden bedrückte mich mein Kummer stärker als am Tage und ihre Abwesenheit lastete wie ein schwerer Stein auf meinem Herzen.

In der Mitte des Herbstes eröffnete mir mein Schwiegervater ohne nähere Begründung, dass meine Kinder und ich sein Haus zu verlassen hätten. Nichts zuvor war geschehen, was seinen Unmut hätte auslösen und eine derartige Entscheidung rechtfertigen können. Obwohl ich innerlich seit langem mit dem Schlimmsten gerechnet hatte, fühlte ich mich nun, da das Endgültige über mich hereinbrach, dennoch überfahren. »Wie denn? Warum denn?«, stammelte ich verlegen. »Wo muss ich denn hin?« » Das ist wohl eure Sache. Sag doch deinem Mann, dass er eine neue Wohnung zu beschaffen hat!«, höhnte er. »Welcher Mann?«, schrie ich jetzt außer mir. »Wo bitte kann ich einen solchen Mann finden?« Meine Ängstlichkeit streifte das Dreiste in seinem Blick und augenblicklich wurde er verlegen. Es gibt Menschen, schoss es mir durch den Kopf, die überwinden nie jenen Zustand, in dem andere für sie sorgen müssen, weil es nötig ist, sie vor ihren eigenen Handlungen zu schützen. Ohne Zweifel gehörte dieser Mensch hier zu ihnen. Da aber niemand mehr da war, um ihn zu zügeln, wandte sich der Schatten der Schutzlosigkeit jetzt gegen mich.

Kapitel 14

Erwachen

Denn nur von Innen kommt der Segen,
und nur die Liebe bringet Rast.
Geibel, Jugendgedichte

Nachdem ich mich von der demütigenden Absicht meines Schwiegervaters, uns aus seinem Haus zu vertreiben, ein wenig erholt hatte, überdachte ich meine und die Situation der Kinder. Doch so sehr ich auch nach einem Ausweg suchte, eine Lösung unseres Problems konnte ich nicht finden. So auf mich allein gestellt, tat ich zunächst das, was mir übrig blieb. Ich wartete ab und harrte der Dinge, die im weiteren Verlauf der Geschehnisse über mich hereinbrechen würden. Doch zu meiner Überraschung passierte nichts. Offenbar hatte sich der alte Starrkopf wieder beruhigt und war zur üblichen Tagesordnung zurückgekehrt. So vergingen die nächsten Wochen, in der mich ständig die Angst umarmte, und es erschien mir nur eine Frage der Zeit, bis sich der Versuch, mich mit den Kindern zu verbannen, wiederholen würde.

Inzwischen hatte uns der Winter mit seiner beißenden Kälte erreicht und wir drei waren froh, immer noch ein Dach über unseren Köpfen zu haben. Eines Nachts, der Schlaf hatte um *Ali* und *Reza* einen sichtbaren Bogen gemacht, versuchte ich geduldig, die beiden wieder ihren wohlverdienten Träumen zuzuführen, indem ich ihnen eine ihrer Lieblingsgeschichten vorlas. Plötzlich steht mein Schwiegervater ohne anzuklopfen in der Tür. Sofort bemerke ich, dass er mehr Alkohol getrunken hat, als er verträgt, und augenblicklich steigt ein Gefühl der Beklemmung in mir auf. Instinktiv führe ich die Kinder in eine hintere Ecke des Raumes, so als könnte ich sie dort tatsächlich vor dem ungebetenen Gast schützen. Lautstark lallend stößt *Shahrams* Vater hervor: »Habe ich euch nicht schon seit langem gesagt, ihr sollt hier ausziehen?!« Noch bevor ich antworten kann, schlägt er wutschnaubend mit einem Holzklotz in der Hand die ihm nächste Fensterscheibe ein. Unwillkürlich dringt eisige Luft in das Zimmer und ich begreife wieder einmal nicht, was dieser Mensch eigentlich bezweckt. Der Lärm des zersplitternden Glases lässt *Ali* und *Reza* erschreckt zusammenfahren. Schon zertrümmert der Holzscheit eine weitere Scheibe, schlägt so lange um sich, bis kein Fensterglas mehr unbeschädigt im Rahmen steckt, und mir wird plötzlich klar, dass er es ernst meint mit seiner Drohung. Die Stunde unserer Ausweisung ist gekommen. Mit größter Wucht zerspringt der Holzklotz vor meinen Füßen: »Jetzt will ich sehen, wer hier heute Nacht noch schlafen will«, höhnt eine Stimme, die mich vom Wortlaut her unwillkürlich an *Shahram* erinnert. »Wenn sich die Kinder keine Lungenentzündung holen sollen, überlegt, wo ihr hingeht!« Ohne ein weiteres Wort zu verlieren, lässt uns der Vater meines Mannes stehen und mit einem ohrenbetäubenden Knall fällt die Tür des längst ausgekühlten Zimmers ins Schloss. Für Sekunden stehen wir drei völlig regungslos da. Dann ziehe ich den Kindern schnell wärmende Kleidung über, hülle sie zusätzlich in dicke Wolldecken ein und gehe, immer noch um meine Fassung bemüht, zum Telefon, um *Mohammad* anzurufen. *Mohammad* aber ist nicht daheim. Ich überlege. Mein Vater fällt mir ein. Doch während ich an ihn denke, verwerfe ich bereits den

Gedanken wieder. Ausgerechnet ihn um Hilfe zu bitten, verbietet mir mein Stolz. Oh, Gott, wo soll ich mich nur hinwenden? Da fällt mir ein guter Freund aus unserem Lyrikzirkel ein. Wie ein Wunder fügt sich in diesem Moment sein Name in die Kette meiner fiebrigen Gedanken. Ich greife erneut zum Telefonhörer und bin erleichtert, *Nasers* freundliche Stimme zu hören. Das letzte Mal war ich ihm bei der *Serimonie* meiner Schwiegermutter begegnet. Ich fasse mich kurz und berichte, was mir vor wenigen Minuten widerfahren ist. Unter Tränen erkläre ich ihm, mit *Ali* und *Reza* dringend auf der Suche nach einer neuen Unterkunft zu sein. Die Stimme meines Freundes beruhigt mich. Sofort erklärt er sich bereit, uns von hier abzuholen. Bereits eine halben Stunde später steht er neben mir. Sein Blick gleitet über die zertrümmerten Glasscheiben und die vor Kälte und Angst zitternden Kinder. Ich bemerke, wie sein Gesicht eine matte Röte des Zornes annimmt. Noch am Telefon hatte er sich eine derartige Brutalität und Zerstörung nicht vorstellen können. Jetzt wirkt er gerührt, leidend und verschlossen. Kein Wort bringt er hervor.

In dieser Nacht nahmen uns *Naser* und seine Frau liebevoll bei sich auf und es wurde ausgemacht, dass wir schon am nächsten Tag in ihren Keller übersiedeln. Dort konnten wir so lange bleiben, wie wir wollten. Die beiden hatten die Räume unter ihrem Haus auf recht originelle Art in eine zusätzliche Wohnung verwandelt, in der man leicht vergessen konnte, dass sie einmal einem anderen Zweck vorbehalten waren. Kein Zweifel, hier konnte man es über einen längeren Zeitraum gut aushalten. Sicher würde der Mietpreis entsprechend hoch ausfallen. Konnte ich überhaupt so viel Geld aufbringen? Der materielle Druck des täglichen Lebens hatte sich für mich nach dem Tod der

Schwiegermutter deutlich erhöht. Ihre heimlichen Zuwendungen gab es nicht mehr. Dafür stiegen die Kosten für die Kinder, je älter sie wurden. *Ali* ging bereits in die Schule. Zum Glück verfügte ich durch meine regelmäßigen Strickarbeiten und meinen Privatunterricht über ein gewisses Einkommen und durch den Verkauf meiner Goldstücke sowie einiger Wertgegenstände war ich sogar in der Lage, *Naser* eine kleine Kaution zu entrichten. Danach kehrte endlich ein wenig Ruhe in mein Leben ein.

Zwei Monate später dachte ich erstmals über eine Scheidung von *Shahram* nach. Längst war mir bewusst, dass zwischen ihm und mir kein zwischenmenschliches Band mehr bestand, das eine Verbindung rechtfertigen konnte. Ich erzählte Vater von meinen Absichten. Der setzte sogleich die für ihn typische Miene des Despoten auf, mit der er nur allzu gern seine Umwelt einzuschüchtern und zu überzeugen versuchte. »*Roja*, bedenke dein Vorhaben und verspiel nicht dein Glück«, riet er mir. »Du weißt um deinen späteren Wert als geschiedene Frau. Kümmert es dich denn gar nicht, was die Leute sagen werden? Kein Mann wird dich mehr heiraten. Dein Verhalten wird uns nur schaden und deinem Ansehen abträglich sein.« Ich war entsetzt über so viel Selbstgerechtigkeit und Egoismus. Ansehen und Ehre schien mein Vater über das Glück und die Unversehrtheit seiner Tochter zu stellen. Welchen Rat hätte er an gleicher Stelle *Amir*, meinem Bruder, erteilt? Mein Herz verkrampfte sich im Angesicht dieses Mangels an Verständnis und Toleranz. Und überhaupt, von welchem Glück seiner Tochter hatte er eigentlich gesprochen?

Die anstrengenden wie turbulenten Tage ließen die Zeit an Geschwindigkeit zunehmen und lenkten mich ab.

Mohammad rief mich alle zwei Tage an, um sich nach meinem und dem Wohlbefinden von *Ali* und *Reza* zu erkundigen. »Eine Scheidung«, so gab er mir zu bedenken, »wird deine Probleme nicht lösen. Konzentriere dich lieber auf deine vielfältigen Arbeiten und sichere aus eigener Kraft euren Lebensunterhalt. Gelingt dir das nicht, kann *Shahram* dir die Kinder nehmen. Und das wollen wir doch beide nicht.«

Mohammad hatte Recht. Ich musste versuchen, unsere materielle Existenz besser abzusichern. Damals herrschte in unserer Stadt unter den Friseuren ein akuter Mangel an Fachkräften. Ich mochte diesen Beruf überhaupt nicht. Doch wegen seiner guten Verdienstmöglichkeiten entschloss ich mich zu einer entsprechenden Ausbildung. Meine ersten Schultage waren geprägt von einer inneren Ablehnung, die einem physischen Schmerz glich. Doch bevor sich meine Seele empören konnte, war der Prozess des Lernens bereits beendet. Ich erhielt mein Ausbildungszeugnis als Friseurin und schon wenige Tage später empfing ich in unserer neuen Wohnung aus dem Kreise von Verwandten, Bekannten und Nachbarn meine ersten Kundinnen. Diese Tage waren für mich langweilig und anstrengend zugleich. Doch ich hielt sie aus, denn ich hatte ein Ziel vor Augen. Dieses Ziel bestand darin, meinen Kindern eine materiell gesicherte Zukunft in einem Umfeld der Achtung vor jedermann zu bieten.

Längst war der Frühling an die Stelle der schweren Wintermonate getreten und stärker als zuvor besaß ich das Verlangen nach der Nähe meiner Schwiegermutter. Kurzerhand entschloss ich mich, das Grab der Unvergessenen zu besuchen. *Ali* war mit seinen Hausaufgaben beschäftigt und *Reza* ließ sich durch das Fernsehprogramm ablenken. Beruhigt setzte ich mich in ein Taxi, das mich schnell an mein Ziel brachte. An diesem Tag zeigte sich der Friedhof nicht in dem Gewand sonst üblicher Hektik. Nur wenige Menschen waren anwesend und der Ort strahlte eine eigene Ruhe aus, die auf fast fühlbare Weise von den Toten auszugehen schien. Bisweilen drang aus der Ferne ein unterdrückter Klagelaut zu mir herüber, der vom Gebet eines Trauernden begleitet wurde.

Es ist gut, dass ich endlich den Weg zu *ihr* gefunden habe. Schnee und Regen der letzten Wochen haben den Grabstein deutlich verschmutzt. So ist es dringend erforderlich, dass ich ihn von Schlamm und weiteren Spuren des Winters befreie. Auf der Suche nach einem Eimer finde ich einen alten Blechbehälter, der für meine Zwecke geeignet erscheint. Mit ihm gelingt es mir, die Inschrift wieder sichtbar werden zu lassen. Ihr Anblick treibt mir augenblicklich Tränen in die Augen. Dieser Tod hier ist mir immer noch neu und wird mir wohl ewig fremd bleiben. Stockend beginne ich ein Gespräch, berichte *ihr* von den jüngsten Veränderungen meines Lebens. So in mich vertieft, bemerke ich gar nicht, dass sich bereits die Dunkelheit behutsam über diesem Ort des Friedens ausbreitet. Ich muss dringend zurück nach Hause. Ein wenig überstürzt verabschiede ich mich von *ihr*, will noch das Versprechen meiner Wiederkehr geben, unterlasse es aber, weil mir bewusst wird, dass sie ohnehin meine Absichten kennt. Vor der Ausgangstür des Friedhofes warte ich auf ein Taxi.

Wenige Augenblicke später hält ein Auto direkt vor meinen Füßen und noch bevor ich überlege, steigt der Fahrer aus, um mich zu begrüßen. Abermals ist es dieser höfliche

Jüngling mit seiner Vertrauen erweckenden Stimme, der es schon zweimal gelungen ist, mich für das Wesen dieses Menschen einzunehmen. Ich kann mich nicht daran erinnern, wann mir zuletzt ein Mann derartige Achtung entgegengebracht hat. Und als ob mein fragender Gedanke bereits die Welt seiner eigenen Reflexionen durchdrungen hat, erklärt er mir, dass auch er gerade seine Mutter besucht hat. »Sie liegt ebenfalls auf diesem Friedhof«, fügt er verlegen hinzu. »Jeden Dienstag bin ich hier, um ihr Grab zu pflegen.« Unwillkürlich denke ich, was für einen netten Sohn doch diese Verstorbene geboren haben muss und sogleich klebt mein ganzes Denken an den Erinnerungen, die mich mit meinem unsäglichen Ehemann verbinden: *Shahram*, der nie an seine Mutter denkt, weil es einfach seine Sinne nicht erfassen, dass es eben jene Frau war, die ihm sein Leben schenkte. »Darf ich Sie vielleicht mit meinem Wagen nach Hause fahren?« Die freundliche Stimme des Mannes führt mich augenblicklich in die Gegenwart zurück. »Zu dieser späten Stunde wird es Ihnen ohnehin nicht gelingen, noch ein Taxi zu bekommen. Sie müssten also auf einen Bus warten«, erklärt er mit Nachdruck. Ich zögere, habe Zweifel und bin ängstlich. Andererseits zieht mich eine unerklärliche Versuchung und das Gefühl des Vertrauens in seine Nähe. Er bemerkt meine Zweifel und versucht mich zu beruhigen: »Hier findet sich von unserer Polizei keine Spur. Sie können also unbesorgt bei mir einsteigen.« In diesem Moment treffen sich unsere Blicke und ehe ich begreife, was passiert, sitze ich bereits neben ihm im Auto, das sich unerwartet schnell von diesem Ort entfernt. Zielsicher fährt der Pkw in die richtige Richtung. Beide schweigen wir uns an und ich denke an die Stille des Friedhofes, die so gar nichts Gemeinsames hat mit der hier im Inneren des Fahrzeuges. Ehe ich zur Besinnung komme, halten wir bereits vor meiner Wohnung. Erstaunt frage ich ihn: »Woher kannten Sie denn die Adresse?« Doch mein Fahrer antwortet nicht. Stattdessen bindet mich sein Blick und während ich verstört aussteige, ruft er mir so leise nach, dass ich seine Worte kaum wahrnehme: »Übrigens, ich heiße *Amir*!« Schon schlage ich die Tür seines Auto zu, schließe die meine zum Zugang der Kellerwohnung auf und werfe mich förmlich in das Gebäude. Wieder einmal bin ich mir nicht sicher, ob ich mich eigentlich bei meinem ewigen Helfer für seine Gefälligkeit bedankt habe, tröste mich aber lächelnd mit dem Gedanken, dass diese Vergesslichkeit wohl langsam zum Kennzeichen unserer Begegnungen wird.

Ein wunderbares und doch fremdartiges Gefühl pulsiert in meinen Adern, das ich bisher nicht gekannt habe. Die Wochentage vergehen, ohne dass mich diese Augen in Ruhe lassen. Es ist Dienstagnachmittag und ich denke über einen erneuten Besuch des Friedhofes nach. Vielleicht sehe ich ihn ja wieder. Hat er mir etwa deshalb von seinen regelmäßigen Aufenthalten dort berichtet, weil auch er sich eine neue Begegnung wünscht? Mein schlechtes Gewissen gegenüber der Schwiegermutter rührt sich und ich ermahne mich dringend, nicht mit dem Feuer zu spielen. Schließlich bin ich immer noch eine verheiratete Frau, die die Situation im Lande kennt. Die Gefahr einer öffentlichen Hinrichtung schreckt mich und ich widerstehe der Versuchung, das Haus zu verlassen.

An diesem Abend erfasst mich die Unruhe eines eingesperrten Tieres. Früh gehe ich zu Bett, finde aber nicht in den Schlaf. Immer wieder schiebt sich sein Anblick in den Kosmos meiner Gedanken. Seine großen, braunen, traurigen Augen, die den Schimmer des Wasserreiches in sich tragen, sein langes, gepflegtes Haar, das einen sympathischen Kontrast zu seinem kurz gehaltenen Bart bildet, all das verbindet sich in mir mit dem Bild seiner schlanken und eleganten Erscheinung. Mein Gott, diese Augen verfolgen mich bis hierhin und es fällt mir schwer, meine Tränen zu verbergen. Plötzlich klingelt das Telefon. Ich blicke auf die Uhr. Es ist bereits 22 Uhr. Wer kann das sein? Ich nehme den Hörer auf und erkenne augenblicklich seine Stimme. Meine Hände beginnen zu zittern, und erregt wie ich bin, höre ich nur zu. Er sagt, dass er mit mir reden möchte, erzählt, dass er seit langer Zeit schon an mich denkt und verzweifelt einen Weg sucht, sich mir anzunähern. Sein Wunsch ist es, mir ein Freund zu sein. Mein Gott, was höre ich da? Das sind doch genau meine Empfindungen, meine Gefühle, die hier ihre Wandlung in Worte finden. Und während mir die Röte in das Gesicht schießt, nehme ich deutliche Empfindungen in mir wahr, die mich endlich zur Frau erwecken. Mein langes und glückliches Schweigen ruft offenbar Zweifel bei ihm hervor, denn er entschuldigt sich sofort für seine Worte. Dennoch gibt er mir seine Telefonnummer, die ich hastig notiere. Ich antworte ihm, über seine Worte nachdenken zu wollen und lege den Hörer auf. Nun ist mir für diese Nacht der Schlaf endgültig davongelaufen. Ich finde keine Ruhe und in den folgenden Stunden schreibe ich …

Weißer Schwan

Wenn ich dich sehe,
erinnere ich mich
an den weißen Schwan
in graziös schwebenden Wolken
während der Abenddämmerung.

Alle Sünden meines Lebens will ich sühnen.

Ja,
ich habe die unendliche Reinheit
in deinen Augen gesehen.
Nun muss ich beichten,
muss vergeben,
mich auf den Weg zu dir bringen,
mit den langen Tritten des Storches,
denn ich bin gefesselt
von dir.

Roja

Kapitel 15

Das unsichtbare Gefängnis

Meine ganze Gefühlswelt war in Aufruhr, als hätte ein bestimmtes Vitamin einen bisher nicht gekannten Trieb in mir erlöst. Dabei tobten die Hormone wie eine fremde Bitte in meiner Physis, die entfachten Gefühle eines sehr konkreten Verlangens in mir nicht sterben zu lassen. Hin und wieder ergab es sich, dass *Amir* und ich uns wie zufällig begegneten. Und obwohl ich dabei nie ernsthaft an eine Fügung des Schicksals glaubte, hatte ich doch gegen diese kurzen Momente flüchtig ausgetauschter Blicke nicht das Geringste einzuwenden.

Auf diese Weise eilte uns die Zeit davon. Es ist bereits Herbst, als mich an einem frühen Morgen um fünf Uhr das Telefon mit seinem schrillen Klingelton aus dem Schlaf reißt. Um nicht auch noch die Bettruhe der Kinder zu stören, haste ich schnell zum Hörer, aus dem mir eine barsche Stimme entgegenschlägt, die einem Vertreter des Ordnungskomitees von *Birdjand* zu gehören scheint. Der Mann am anderen Ende der Leitung berichtet mir in knappen Sätzen, dass man *Shahram* in der vergangenen Nacht auf der Landstraße nach *Birdjand* bei einem illegalen Transport von Opium überrascht, danach verhaftet und in das örtliche Gefängnis überführt hat. Die Vorschrift, so heißt es weiter, verlange, dass der Täter vor Ort von einem direkten Familienmitglied identifiziert wird. Zu diesem Zweck habe der Inhaftierte die Telefonnummer seiner Ehefrau angegeben. »Begeben Sie sich also bitte unverzüglich hierher. Wir erwarten Sie.« Das Gespräch ist beendet, doch noch immer starre ich auf den Telefonhörer in meiner Hand. Ich kann einfach nicht glauben, was ich soeben im Befehlston vernommen habe. Dieser Mann, der seit über neun Monaten nichts mehr von sich hat hören lassen, erinnert sich plötzlich in einer aus krimineller Handlung entwickelten Notsituation seiner verlassenen Frau? Unklar ist mir, wie er überhaupt in den Besitz meiner Telefonnummer kommen konnte. *Ali* steht mit schläfrigem Blick in der Tür zum Schlafzimmer und fragt mit neugieriger Stimme nach dem Geschehenen. Ich lüge: »Es ist nichts, *Ali*. Um diese Uhrzeit passiert nichts Aufregendes in der Welt. Geh wieder in dein Bett und schlafe weiter.« In Wirklichkeit hat mir der Beamte aus *Birdjand* mit seiner Botschaft einen Schrecken bereitet, von dem ich mich nicht so leicht erholen werde.

Bereits am nächsten Tag war ich in einem Taxi auf dem Weg in jene Stadt, die ich bis dahin nur aus Erzählungen kannte. Die Straße erschien mir unendlich. So weit ich auch blickte, überall um mich herum war eine Kargheit in der Landschaft, deren Düsternis sich mit der trüben Stimmung meiner Gedanken auf eine fast ideale Weise verband. Oh mein Gott, wann fand diese Reise endlich ihr Ende? Drei Kilometer vor meinem Ziel jedoch begannen mich die Bilder plötzlich zu ermuntern. Zwischen üppigem Grün empfingen mich die Häuser in ihren farbigsten Fassaden. So in die Schönheit der Straßen versunken, erfasste mich eine Begeisterung, die mich für Augenblicke den Grund meiner Reise vergessen ließ.

Wie viele Soldaten hier auf den Straßen herum liefen. Plötzlich erinnerte ich mich, dass sich in *Birdjand* eine der größten Kasernen meines Landes befand. Der Anblick der vielen uniformierten jungen Männer ließ augenblicklich mein Herz brennen und ich gedachte ihrer Mütter, und all der Kriegsgefahren, derer sich diese Söhne hier aussetzen mussten. *Birdjand* selbst befand sich von seiner Lage her in der Grenzregion zur Stadt *Zahedan* und wurde von vielen Händlern und Geschäftsleuten, die sich auch für den Schmuggel mit Rauschgift interessierten, frequentiert. Nun wusste ich wieder, warum ich hier war. Für *Shahram* war das Opium zur offenen Pforte im Kerker seiner eigenen Persönlichkeit geworden. Die aber hatte ihm nicht Freiheit, auch nicht die von seiner Familie gebracht, sondern ihn direkt in das Gefängnis von *Birdjand* geführt.

Als mich der Fahrer vor dem großen Gefängnistor aussteigen lässt, verstecke ich meine Haare sorgsam unter dem Kopftuch und gehe danach ängstlich und verschüchtert auf den Dienst habenden Wachmann zu. Ich sage ihm, dass ich meinen Mann sehen möchte, und überreiche ihm meine Ausweispapiere. Es vergehen einige Minuten, bis sich das Tor für mich öffnet. Kurze Zeit später befinde ich mich in einem großen und absolut leeren Raum. Von innerer Unruhe geschwächt, würde ich mich gern auf einen Stuhl setzen. So aber stehe ich schwankend in der Mitte des Raumes und warte auf die folgenden Ereignisse. Plötzlich wird eine in die Wand eingelassene kleine Klappe geöffnet, und das langbärtige Gesicht eines Mannes wird sichtbar, dem ich auf äußerst schroffes Befragen hin allgemeine Angaben zu meiner Person mache. Danach schließt sich die Klappe wieder und mir ist, als wolle mein Kopf vor lauter Schmerz zerplatzen. Nachdem weitere Minuten vergangen sind, öffnet sich hinter mir eine Tür und *Shahram* betritt in Begleitung eines Soldaten den Raum. Sein Gesicht ist verquollen und sichtlich entstellt. Offenbar hat man ihn geschlagen und erstmals überkommt mich in seiner Nähe ein Gefühl von

Sicherheit. Aufmerksam betrachte ich ihn. Was hat mir dieser Mann in all den Jahren angetan. Doch statt eines Rachegedankens überrascht mich die Erinnerung. Wie hat sich *Shahrams* Gesicht in den Jahren verändert. Ich blicke zurück auf den Tag unserer Hochzeit. Nichts ist übrig geblieben von dem klar gezeichneten Antlitz des damaligen Bräutigams. In eine elende Fratze blicke ich jetzt, in zerfurchte Gesichtszüge, die man nur noch bemitleiden kann. Ungerührt betrachte ich seine geschwollenen blutigen Hände, die offensichtlich Spuren seiner Verhöre sind. Von dem Morbiden dieser Erscheinung gänzlich ernüchtert, kann meine Stimme Vorwurf und Enttäuschung nicht verbergen: »Auf diese Weise sehen wir uns also wieder, *Shahram*. Was hast du nur dir und uns angetan? Was für ein Leben führst du und was hast du dir noch alles vorgenommen? Sag mir, wie lange willst du heimatlos bleiben? Vor allem, was erwartest du hier von mir? Sag schon, warum hast du ausgerechnet mich rufen lassen?« In Zeiten früherer Auseinandersetzungen hatte ich mich oft gefragt, ob mein Mann einen niederen Charakter besaß oder einfach nur stillos und dumm war. Jetzt glaubte ich die Antwort zu kennen. War es nicht der Dummkopf, der sein Unheil selber herbeiführte? Ein langes Schweigen tritt zwischen uns, in dem er mich aus reuigen Augen anblickt. Doch ich lasse mich nicht beeindrucken von seinem zerknirschten Blick. Nur zu gut kenne ich den Grund dieses Verhaltens, denn die Spuren der Schläge in seinem Gesicht sprechen eine eindeutige Sprache. Endlich räuspert er sich: »Du musst unbedingt Geld besorgen, *Roja*, sonst lassen die mich hier nicht raus!« Ich bin wie versteinert. Mit allem habe ich gerechnet, aber nicht mit dieser Charakterlosigkeit. Das Schamlose in ihm schreckt nicht einmal vor einer zeitweiligen Erniedrigung mir gegenüber zurück. »Woher soll ich das Geld nehmen?«, frage ich ihn. »Hast du überhaupt eine Vorstellung davon, wie deine Kinder und ich derzeit leben? Solltest du uns irgend wann einmal im Hause deines Vaters suchen, wird dein Bemühen vergeblich sein.« Ohne ein Wort des Grußes wende ich mich von ihm ab und verlasse, so schnell ich kann, diesen unsäglichen Ort. Wieder einmal hat es *Shahram* verstanden, mein Herz mit unsäglichem Schmerz zu beschweren.

Bei meiner Rückkehr treffe ich *Ali* weinend im Schlafzimmer an. Müde und erschöpft frage ich ihn nach dem Grund seiner eigenen Trauer. Nur stockend und eher widerwillig berichtet er mir. Mein Gott, die Kinder in der Schule lachten ihn bereits aus, weil sein Vater im Gefängnis saß. Die Nachricht hatte sich wirklich schnell verbreitet. Hilflos schaue ich ihn an, nehme ihn in meine Arme und weiß trotzdem nicht, wie ich ihn trösten soll. Keine Erklärung habe ich für die Taten seines Vaters, und ich versuche, ihm etwas von den Schwächen der Menschen im Allgemeinen darzulegen, von ihren Unzulänglichkeiten, der teilweisen Unfähigkeit, das Rechte vom Frevel zu unterscheiden. *Alis* Reaktion auf meine Worte ist eindeutig. »Ich gehe nicht mehr in die Schule!«, sagt er in einer Bestimmtheit, die mir rät, das Gespräch mit ihm abzubrechen.

Mit *Shahrams* Verhaftung hatte sich unser Leben in der Gemeinde vollständig verändert. Überall sprachen die Nachbarn über ihn und wo ich auch auftauchte, wurde ich mit taktlosen Fragen und neugierigen Blicken nur so überhäuft. In kürzester Zeit waren wir zu einem unrühmlichen Ereignis öffentlichen Interesses geworden. Meinen ehrenhaften Vater hatte die Situation schnell überfordert. Ohne weitere Vorankündigung war er verreist. Ich nahm Kontakt zu *Mohammad* auf. Auch er war bereits über die Geschichte informiert und wusste von den Repressalien, denen wir durch die Taktlosigkeit unserer Mitbewohner ausgesetzt waren. »Ich glaube, das Beste für euch ist«, sagte er uns in seiner Hilflosigkeit, »wenn ihr die Stadt verlasst.« Aber wie und mit welchem Kapital? *Mohammad* versprach, darüber nachzudenken, und beruhigte mich mit dem Hinweis, gemeinsam mit uns einen gangbaren Weg zu finden.

Der Gedanke an einen Ortswechsel hatte für mich gleichermaßen etwas von Flucht und Vertreibung. Innerlich wehrte ich mich gegen diese Verbannung. Was hatten wir mit den Schändlichkeiten *Shahrams* zu schaffen?

Plötzlich höre ich die Klingel unserer Haustür. Schnell spülen meine Hände vor dem Spiegel im Bad einen Schwall lauwarmen Wassers über das gerötete Gesicht. Vermutlich hat *Ali* wieder seinen Schlüssel vergessen. Gedankenverloren öffne ich die Tür und bin augenblicklich bis ins Mark getroffen. Tatsächlich steht *er* vor mir und ich denke voller Scham, dass meine Geschichte nun wohl auch ihn erreicht hat. Ich kann nicht sagen, wie lange ich verwirrt und wortlos in der Tür stehe, wie lange es braucht, bis ich endlich zur Seite trete und ihn damit zum Eintritt in meine Wohnung auffordere. Auf einem Strohstuhl im Wohnzimmer nimmt er Platz. »Wir müssen miteinander reden«, beginnt er. Um meine konfusen und fahrigen Emotionen zu ordnen, gehe ich in die Küche, um uns einen Tee aufzubrühen. Bei meiner Rückkehr streift mein Blick den Flurspiegel, der die Gestalt meines Gastes in klaren Konturen umreißt. Unwillkürlich fixiere ich diese Erscheinung mit einem befangenen und doch neugierigen Blick. Dabei vergesse ich den Tee. Ich betrachte den eleganten Schnitt seiner Haare, nehme seine sprechenden traurigen Augen wahr, die in ihren Winkeln zu erstarren scheinen. Gern würde ich in diesem Augenblick seine Gedanken kennen. Ich trete auf ihn zu und er fragt scheu: »Darf ich rauchen?« »Warum nicht?«, entgegne ich. »Ich rauche selber, gewöhnlich am Fenster.« Um es zu öffnen, streife ich zufällig den Stoff seiner Kleidung. Dabei streichelt der Duft seines Parfüms zärtlich meine Nase. In gebührendem Abstand setze ich mich nun ebenfalls auf einen Stuhl, vermeide es aber dabei, ihm direkt in die Augen zu sehen. Er kommt sofort auf den Grund seines Besuches zu sprechen und erklärt, dass er mir helfen möchte. Offensichtlich ist er über meinen Ehestreit mit *Shahram* informiert. Ohne Umschweife gibt er mir zu verstehen, dass der Gefängnisaufenthalt meines Mannes dem hiesigen Dasein meiner Kinder und mir nicht förderlich ist. Er bietet mir einen Kredit an, damit ich nach *Maschad* übersiedeln kann, gibt zu verstehen, dass ich mich nur auf diese Weise von den Belastungen meiner kleinen Stadt und ihrer Bewohner befreien kann. »Nein!«, entgegne ich so schnell und entrüstet, dass ich noch im selben Moment über das Abrupte und Scharfe in meiner Stimme erschrecke. Milder gestimmt füge ich hinzu: »Mein Problem liegt nicht in einem falsch gewählten Standort meiner Unterkunft. Mein Problem sind die Menschen hier, die mich für etwas verurteilen, was ich nicht zu verantworten habe. Und überhaupt, was soll ich in einer großen Stadt? Dort sind die Kosten dreimal höher als hier. Wie soll ich mir ein derartiges Leben leisten? Und letztlich, was soll das Ganze? Was erwarten Sie von mir als Gegenleistung für Ihre Gefälligkeit?« Wieder umfasst mich sein klarer und doch melancholischer Blick. »Ich werde alles für Sie und Ihre Kinder besorgen, was ein Umzug erfordert«, erklärt er. »Seien Sie ohne Sorge und haben Sie Vertrauen zu mir. Denken Sie einfach über meinen Vorschlag nach.« Mit diesen Worten steht er auf, verabschiedet sich und geht. Er weiß, dass er mich überzeugt hat und dass ich nicht ablehnen werde.

Trotzdem bespreche ich mich zunächst mit *Mohammad*. Der äußert Bedenken, ohne sie begründen zu können. Am meisten stört ihn, dass er es nicht ist, der mir hilft. Aber seine finanzielle Situation würde Derartiges zu dieser Zeit gar nicht gestatten. So versuche, ich ihn zu beruhigen und seine Bedenken zu zerstreuen. Dennoch leidet er, mich in den Händen eines fremden Helfers zu wissen.

Drei Tage später nehme ich telefonisch Kontakt mit ihm auf. Alles, was mir in den Sinn gekommen ist, habe ich zuvor bedacht und gegeneinander abgewogen. Mein Entschluss steht fest. Ich melde mich mit meinem Namen und warte. Es vergehen einige Sekunden der Stille. Dann höre ich seine ruhelose Stimme: »Ich habe schon auf Ihren Anruf gewartet.«

Kapitel 16

Maschad

Er erklärte: »Ich habe schon auf Ihren Anruf gewartet, … aber ich hatte nicht viel Hoffnung.« Voller Resignation und doch in Erwartung entgegnete ich: »Das Leben ohne meine Kinder ist mir bedeutungslos, also muss ich handeln. Und dieses Handeln überlasse ich jetzt Ihnen. Sie können mit uns anstellen, was Sie wollen, können tun, was Sie für richtig halten. Ich werde nichts dagegen unternehmen und hoffe inständig, dass es uns danach besser gehen wird.« Alles, was die Durchführung eines reibungslosen Umzuges erfordert, wurde von uns auf Anweisung von *Amir* binnen zweier Tage erledigt. Ohne wahrzunehmen, welche meiner Handgriffe was erledigten, lief alles geordnet und reibungslos. So wurde unser gesamter Haushalt in kürzester Zeit nach *Maschad* transportiert. *Amir* bestellte telefonisch den Spediteur und überwachte diskret das ganze Vorhaben aus dem Hintergrund.

Ehe wir uns versahen, waren wir Bewohner von *Maschad* geworden. Unser Haus lag in einer angesehenen Gegend der Stadt und zu meiner größten Freude war die Straße zu beiden Seiten mit üppig blühenden Akazien eingefasst. Unsere Wohnung lag im zweiten Stock, war in ihrem Grundriss modern und großzügig geschnitten. Außerdem war sie hell und mit beträchtlichem Komfort ausgestattet. Tatsächlich ließ unser neues Quartier keinerlei Wünsche offen. Beschafft hatte es uns *Amir*, der auch Urheber dafür war, dass im Stockwerk unter uns für mich mehrere Räume zu einem Frisiersalon umgestaltet wurden. Auf diese Weise war meine Selbstständigkeit sichergestellt und die Voraussetzung geschaffen, auch künftig unseren Lebensunterhalt aus eigener Kraft zu sichern.

Amir hatte unsere Wohnung unter dem Namen meines Bruders angemietet und stellte sich den Mitbewohnern auch als solcher vor. So konnte er uns jederzeit besuchen, ohne den Argwohn der Nachbarn zu erwecken. Dabei kam mir die Gleichheit der Namen beider durchaus gelegen. Jetzt konnte ich *Ali* bei einer Privatschule einschreiben und *Reza* in einem nicht öffentlichen Kindergarten anmelden. Monatlich überwies uns mein »Bruder« ausreichend Geld, sodass ich mit seinen Zuwendungen und den eigenen Einkünften den Standard unseres neuen Lebens mühelos finanzieren konnte.

Einige Wochen später stieß meine Schwester *Mehri* zu uns. Sie war zwischenzeitlich an der Universität von *Maschad* aufgenommen worden. Die Wohnung bot ausreichend Platz für uns vier und so war ich fortan nicht mehr allein. Es war die Zeit, in der sich *Amir* und ich behutsam annäherten. An manchen Abenden blieb er bereits über die gewöhnliche Besuchsstunde hinaus. Dann unterhielten wir uns angeregt über die vielfältigsten Themen und hatten dabei das Gefühl, als sei die Zeit für uns erstarrt. Für mich war eines offenkundig geworden: Hier beflügelte die körperliche Nähe den Dialog zweier Phantasien.

Mittlerweile war wieder die kalte Jahreszeit zu uns zurückgekehrt, und ich war froh, nicht mehr mit den Problemen des Vorjahres kämpfen zu müssen. Zu meiner großen Überraschung hatte mir *Amir* sogar ein eigenes Auto beschafft. Von solch einem Leben hatte ich bisher nur träumen können und ich genoss es, nach all den vielen Problemen und Konflikten, die hinter mir lagen. Immer noch konnte ich nicht glauben, dass mir Gott diesen Rettungsengel gesandt hatte. Plötzlich war ich in der Lage, die eleganteste Kleidung zu tragen, den Kindern Wünsche zu erfüllen, sorgenfrei an unsere Zukunft zu denken. Und alles verdankte ich dem netten Wesen eines Mannes, der spät zwar, aber noch im rechten Augenblick in mein Leben getreten war.

Eines Abends, unser gemeinsames Gespräch hatte sich wieder einmal bis in die Nähe der Mitternachtsstunde vorgewagt, erhob sich *Amir* mit dem Hinweis, es sei für ihn an der Zeit, sich auf den Weg zu machen. Ich aber wollte nicht, dass er ging. Diese Situation wiederholte sich jetzt fast jeden Abend. Sah man einmal von *Mehri* ab, hatte ich keinen näheren Kontakt mehr mit anderen Menschen. *Amir* aber, der mir inzwischen alles bedeutete, wohnte selbst allein in einem großen Haus ganz in unserer Nähe. Seit acht Monaten schon suchte er mich täglich in den frühen Abendstunden auf, um mich um Mitternacht wieder zu verlassen. Unsere Liebe war von einer Innigkeit und einem Respekt voreinander geprägt, dass es mir noch heute an Worten mangelt, den Zustand meiner Empfindungen angemessen zu umschreiben. Zum ersten Mal in meinem Leben war ich nicht in der Lage auszusprechen, was mich wirklich bewog. Und dennoch schrieb ich, und was ich formulierte, gab ich ihm zu lesen. Jetzt stand er wieder in der Tür, bereit, sich von mir zu verabschieden. Mit zitternden Händen richte ich ihm den Schal, der lässig seinen Hals umschließt. Plötzlich zieht mich ein unbekannter Magnetismus zu ihm hin. *Amir* ergreift augenblicklich meine Hände, und zum ersten Mal, seit wir uns begegnet sind, flutet meine Adern ein heißes Gefühl der Geborgenheit. Unwillkürlich lehne ich meinen Kopf an seine Brust. *Amir* streichelt mein Haar und ich spüre in mir so etwas wie einen Schwebezustand überquellender Empfindungen. Ich will, dass diese Umarmung in eine Ewigkeit mündet. Und *Amir* küsst mich, als wollten mir seine Lippen ein besonderes Wunder auferlegen. Dann aber löst er behutsam unsere Innigkeit auf und ich stehe verloren in der Tür, verfolge aufmerksam den Weg, bis mein Blick seine Gestalt nicht mehr an meine Gefühlswelt binden kann.

Mein Körper fror und ich schloss die Tür. Das währende Verlangen nach *Amir* machte mich ungeduldig. Ich streifte das Nachtgewand über und ging zu Bett. Meine Lieblingsmusik, die ich mir stets für diese Stunde mit gedämpftem Ton vorbehielt, wollte mich diesmal nicht beruhigen. Zu stark pulsierte es in dieser Nacht in mir. Ohne zu überlegen, stand ich auf, zog mich erneut an und ging zu *Mehri* hinüber, die bereits in einen tiefen Schlaf gefallen war. Vorsichtig weckte ich sie, erklärte ihr, dass ich noch einmal fortmüsse, und bat sie, zwischenzeitlich auf die Kinder aufzupassen. Schläfrig wie sie war, bemerkte sie die fortgeschrittene Stunde der Nacht nicht und murmelte unter der Bettdecke unverständliche Worte der Bestätigung. Dass ich damals den Mut aufbrachte, um Mitternacht allein das Haus zu verlassen, erscheint selbst mir heute unglaubwürdig. Nach einem etwa zwanzig Minuten dauernden Lauf durch die leeren, matt erleuchteten Straßen klingele ich außer Atem an der Eingangstür, die wenige Atemzüge später von *Amir* mit einer Zigarette in der Hand geöffnet wird. Jetzt starrt er mich so ungläubig an, wie ich ihn damals bei seinem ersten Besuch. Im Nu hat er mich in das Innere seines Hauses gezogen, blickt mir immer noch überrascht, verlegen und doch schon voller Erwartung in die Augen.

Schnell streifen mir seine Hände das Tuch vom Kopf und wir erleben erstmals das innige Glück einer heftigen gemeinsamen Umarmung. Wie einen Grashalm hebt mich mein »Bruder« und schon befinden wir uns auf der Treppe in das obere Stockwerk.

In dieser Nacht spürte ich, wie mich die Liebe mit besonderer Reinheit umschloss, uns der gemeinsame Augenblick jegliche Realität entzog und ich mein Schamgefühl überwand, ohne dass mich eine Ahnung von Schuld erfasste. Nie zuvor war mir eine solch innige Aufmerksamkeit geschenkt worden und ich begriff, dass sich mein Wunsch, geliebt zu werden, gerade eben erfüllte.

Erst in den frühen Morgenstunden trennten wir uns widerwillig voneinander. Daheim weckte ich die Kinder, bereitete ihnen ihr Frühstück und entließ sie danach in die Schule. *Mehri* hatte bereits die Wohnung verlassen. Nachdem sich die Zimmer geleert hatten und Ruhe eingekehrt war, versuchte ich etwas zu schlafen. Doch trotz der Müdigkeit gelang es mir nicht, die Augen zu schließen. Ich stand wieder auf, um mich zu duschen, trocknete danach besonders sorgfältig meinen Körper und betrachtete nachdenklich im Spiegel das Gesicht einer bisher nicht gekannten Frau, die mir mit dem Ausdruck voller Zufriedenheit entgegenblickte. Erstmals prüfte ich ohne Schamgefühl die weiblichen Konturen meines Körpers. Unwirklich erschienen mir jetzt all die mit *Shahram* gelebten Nächte und das Verlangen nach *Amir* begann sich noch stärker zu regen. Plötzlich war unsere Entfernung unerträglich für mich und der Gedanke daran, wie sich alles weiterentwickeln würde, weckte meine Angst vor der Zukunft. Wollte ich mit meiner Liebe eins werden, gab es nur den Weg der Scheidung. Aber wie sollte die gelingen? Als ich *Amir* von meinen Gedanken berichte, ermuntert er mich sofort ohne ein Gefühl des Zweifels. Zugleich beruhigt er mich mit den Worten, dass man mir wegen *Shahrams* Drogenabhängigkeit und Inhaftierung vermutlich die Kinder belassen wird.

Mit diesem Gedanken der Hoffnung suche ich zwei Wochen später das Amt für Justiz auf, um meinen Scheidungsantrag zu stellen. Schon beim Eintritt in das Gebäude habe ich das Gefühl, als umgäbe mich eine aufreizende und dem weiblichen Geschlecht abträgliche Atmosphäre. Augenblicklich leidet mein Selbstbewusstsein beträchtlich. Unter dem Eindruck kritischer und stilloser Blicke, die mir aus den offenen Amtsräumen dort tätiger Richter entgegenschlagen, laufe ich gehetzt durch die Gänge und sobald ich meinen Antrag abgegeben habe, renne ich denselben Weg zurück, nun deutlich verwirrt von dem schrillen Lärm aufgebrachter Stimmen, die durch die Hallen schwirren.

Vor dem Portal treffe ich auf *Amir*, der mit besorgter Miene vor dem Gebäude auf mich gewartet hat. Hier auf offener Straße mit ihm zu reden, besitze ich keinen Mut. Mit einer leichten Kopfbewegung mache ich ihm verständlich, das Gespräch daheim führen zu wollen. Kaum haben wir meine Wohnung betreten, falle ich auch schon weinend in seine Umarmung. »Bald wird alles vorbei sein«, tröstet er mich mit seiner vertrauten Stimme. »Du wirst sehen, erst lässt du dich scheiden, befreist dich damit von *Shahram*. Dann können wir beide heiraten. Sieh doch, der Anfang ist schon gemacht. Es wird gar nicht mehr lange dauern, dann gehören wir zwei zusammen und können dieses Land gemeinsam für immer verlassen.« Konnte so etwas tatsächlich wahr werden, oder gaben wir beide uns nur den Illusionen von Verliebten hin, deren Wünsche unerreichbar waren? Verfolgten wir vielleicht im Aufruhr unserer Gefühle gar keine realistischen Ziele? Nein, so einfach, wie wir uns das dachten, würde es uns das Schicksal bestimmt nicht machen.

Bereits zwei Wochen später traf ein Brief meines Mannes aus dem Gefängnis von *Birdjand* bei mir ein. Sein Inhalt offenbarte *Shahrams* Reaktion auf meinen zwischenzeitlich zugestellten Scheidungsantrag. Unmissverständlich brachte er zum Ausdruck, dass er einer Auflösung unserer Ehe nur unter der Bedingung zustimmen würde, dass ich die gegen ihn verhängte Geldstrafe beglich und damit seine Freiheit erwirkte.

Völlig aussichtslos war es, mit meinen finanziellen Möglichkeiten einen derart hohen Betrag aufzutreiben. Als *Amir* den Brief las, geriet er außer sich. Noch nie hatte ich diesen besonnenen und ausgeglichenen Mann derart um Fassung ringen sehen. »Ich kann so viel Feigheit eines Menschen einfach nicht ertragen«, entschuldigte er sich. »Aber diese Forderung ist unverschämt und würdelos. Wie stellt sich *Shahram* so etwas überhaupt vor? Woher bitte sollst du all das viele Geld nehmen? Erwartet er etwa von dir, dass du dich plötzlich zu gewerblichen Liebesdiensten hergibst oder die Organe deiner Kinder verkaufst?«

So schnell also hatte uns das Glück den Rücken gekehrt. Besaßen wir, umgeben von charakterlosen Menschen, keinerlei Begabung für das eigene Schicksal? Offenbar schienen wir nicht mit jenem Talent gesegnet zu sein, das uns das Leben jetzt abverlangte. Die Gunst der Verhältnisse hatte sich mit dem Tuch der Resignation umhüllt.

Illusion

Trinken wir den letzten
Tropfen unseres Lebens,
bauen wir danach ein Nest,
für dich und mich,
um überzusiedeln,
vom Land unserer Herkunft,
in das Licht hinter der Nacht.

Unter dem Druck
von Wahnsinn und Panik
zittern wir Überläufer,
zittern unsere fremd gewordenen Stimmen,
und durstig durchschreiten
wir die Wüste,
bis zum Horizont, dorthin, wo die Sterne gedeihen.

Alles nur Traum.

Roja

Kapitel 17

Werde ich durch dich?

Ich hatte mir bereits meine Tränen aus dem Gesicht gewischt und *Amir* war wieder ruhig geworden, als meine beiden Söhne den Raum betraten. Unseren Zustand aufgelöster Gemüter konnten wir nicht vor ihnen verbergen, aber sie sollten nicht wissen, was mir ihr Vater antat. Vor *Amir* schämte ich mich.

Der einzige Ausweg, mich aus *Shahrams* Abhängigkeit zu befreien, bestand darin, auf seine würdelose Forderung einzugehen und damit die Scheidung einzuleiten. Dies hatte auch *Amir* erkannt. So fuhr er selber nach *Birdjand*, hinterlegte dort die Summe Geldes, die erforderlich war, um die Haft meines Mannes zu beenden, und wenige Tage später war *Shahram* wieder frei. Doch anstatt der vereinbarten Scheidung zuzustimmen, quartierte der sich nun mit seinen rechtlichen Ansprüchen bei uns ein und setzte damit unser Höllendasein an einem für ihn neuen Ort fort.

Schnell wurde unser Heim wieder zu einer Begegnungsstätte des Pöbels. *Amir*, der die Rolle des Bruders aufgeben musste, sah aus der Entfernung mit Sorge auf unsere häusliche Entwicklung. Am schlimmsten war unsere Trennung voneinander, die ich einfach nicht ertragen konnte. Hatte mein Schmerz den Grad einer Intensität erreicht, sich über die eigene Todesangst zu erheben, schlich ich mich heimlich zu ihm. Doch diese Begegnungen waren keine Freude. Vielmehr schürten sie unsere Furcht vor Entdeckung, nährten unser Grauen vor der Zukunft und sensibilisierten unsere Gefühle füreinander in einer uns fremden Erregung, die nur der nachempfinden kann, der selbst unter größten Gefahren geliebt hat. So vergingen drei Monate. Die Situation erschien aussichtslos, und *Amir*, der nicht mehr die Kraft besaß, diesen Lebensumstand auszuhalten, nutzte seine beruflichen Möglichkeiten und ging ins Ausland. In einem Abschiedsbrief bat ich ihn, seine bisherigen Zuwendungen an uns einzustellen. Ein zu grober Verstoß gegen alle moralischen Regeln erschien mir die Tatsache, dass unvermeidlich von diesem Geld auch *Shahram* und seine fragwürdigen Kumpane profitieren würden. Ich flehte ihn an, mich zu vergessen. Mir war inzwischen klar geworden, dass *Shahram* und mein Dasein unwiderruflich miteinander verknüpft waren. So wehrte ich mich entschieden gegen eine Verknüpfung meines elenden Schicksals mit dem jener Person, der meine unbegrenzte Liebe galt.

Danach beriet ich mich mit *Mohammad*, gab die Wohnung in *Maschad* auf und zog, unbehelligt von *Shahram*, der schon wieder in die Interessen seiner eigenen Welt verstrickt war, mit *Ali* und *Reza* in eine kleine Stadt im Nordosten des Irans. Bewusst hatte ich mir diesen entfernt gelegenen Ort ausgewählt, um dort für uns unerkannt und ungestört in einem neuen Versuch ein eigenständiges Leben aufzubauen. Dabei wurde uns der Übergang nicht leicht gemacht, fiel doch unser Alltag plötzlich vom höchsten Gipfel des Wohlstandes in die tiefste Niederung der Armut. Insbesondere für die Kinder war diese Umstellung schwer zu verkraften, aber sie hatten bereits ein Alter erreicht, um zu sehen und zu begreifen.

Mit dem Erlös aus dem Verkauf meiner Möbel, Bücher und weiterer Goldmünzen sowie der Unterstützung *Mohammads* mit Gewinnen aus seiner Tischlerei war es mir gelungen, wieder einen kleinen Laden zu mieten und abermals einen Frisiersalon zu eröffnen. Schon am ersten Tag war der Zulauf an Kundinnen so groß, dass ich in meiner neuen Umgebung schnell Fuß fasste und die folgenden Monate schuldenfrei gestalten konnte.

Leider war unserer Aufenthalt *Shahram* nicht lange verborgen geblieben. In größeren Zeitabständen suchte er uns daher immer wieder auf, blieb aber zum Glück stets nur für wenige Stunden und beließ uns damit weitgehend unsere selbst eingerichtete Welt. Der Grund für seine Zurückhaltung war eindeutig. Wieder einmal hatte sich mein Mann heftig verliebt. Diesmal hatte es eine Krankenschwester getroffen und stolz berichtete er uns von seinem Kontakt mit eben jener Person. Diese eitle wie freimütige Offenbarung beflügelte mich, das ruhende Scheidungsverfahren wieder aufleben zu lassen. Vielleicht war *Shahram* jetzt dazu bereit, der Auflösung unserer Ehe zuzustimmen.

Tatsächlich erschien er Wochen später pünktlich zum Verhandlungstermin vor dem örtlichen Richter des Amtes für Justiz und war ohne Umschweife bereit, meinen erneut formulierten Scheidungswunsch zu erfüllen. Jetzt, wo ich endlich meinem Ziel so nah war, konnte ich das Ergebnis der Verhandlung fast nicht begreifen. Nach dreizehn endlosen Jahren kam es dazu, diese unglückselige Gemeinschaft zweier aneinander geketteter Menschen durch Rechtskraft aufzuheben. Die Scheidung wurde formell unter der Bedingung ausgesprochen, dass sich die Kinder weiter bei der Mutter aufhalten durften, das Sorgerecht aber dem Vater zufiel. Letzteres war durchaus üblich und ich machte mir keine weiteren Gedanken darüber. Froh und glücklich konnte ich sein, mein künftiges Leben weiterhin mit *Ali* und *Reza* führen zu dürfen. Was ein Sorgerecht bedeutete, wusste ich damals noch nicht.

Als ich das Justizgebäude verließ, fühlte ich mich wie ein befreiter Vogel, der gerade die Gitterstäbe seines Käfigs hinter sich gelassen hat. Wir befanden uns bereits im Herbst und zu meinen Füßen pulsierte ein überaus reger Straßenverkehr. Ich hatte im Überschwang meiner freudigen Erregung völlig die Orientierung verloren und wusste plötzlich nicht mehr, wo ich meinen Wagen geparkt hatte. Langsam ging ich durch die Straßen, blieb unvermittelt im Lärm der Geschehnisse stehen, um Gott in meinen intensivsten Gedanken dafür zu danken, dass man mir meine Kinder und damit den Sinn des Lebens belassen hatte. Nahe daran, meinen Überschwang der Gefühle allen Passanten um mich herum durch einen lauten Freudenschrei mitzuteilen, genoss ich meine Wiedergeburt. Mir war, als hätte sich mit mir der Himmel verbunden. Plötzlich verlor der Herbst sein trauriges Gesicht. Wie hatte ich zuvor nur das Lebendige und Freundliche in den Menschen um mich herum verdrängen können?

Ohne von ihrem fortgesetzten Kontakt miteinander zu wissen, hatte *Mohammad Amir* von meiner vollbrachten Scheidung berichtet, was den zur sofortigen Rückkehr in den Iran veranlasste. Nach sechs Monaten leidvoller Trennung standen wir uns plötzlich wieder gegenüber, und das warme Lächeln unserer vertrauten Blicke vermochte augenblicklich die Zeit unserer Entbehrungen wie einen Nebelhauch aufzuheben. Mein Gott war größer, als ich dachte. Endlich konnten meine Hände wieder seine Arme umfassen, fand mein Kopf Ruhe an seiner Brust. *Amir* flüsterte unter Tränen:»Ich möchte schreien, um sicher zu sein, dass ich nicht träume und du tatsächlich mir gehörst.«An diesem Abend dankte ich Gott inständig für den guten Ausgang meiner Ehe. Gleichzeitig trug ich voller Stolz *Amirs* Geschenk am Finger. Es war ein Ring zu unserer Verlobung.

Mein Geliebter hatte mir aus dem Ausland einen kunstvoll gefertigten Bilderrahmen mitgebracht. In diesen malte er nun vor meinen Augen mit allen Feinheiten, die sein Pinselstrich beherrschte, geduldig das Bildnis seiner künftigen Frau. Vergnügt war ich zu sehen, wie gut ihm die Ähnlichkeit mit meinem Antlitz gelang, und die Betrachtung seines kleinen Werkes machte mich verlegen. An diesem Abend sprachen wir viel und lange über unsere gemeinsame Zukunft. Und auch jetzt malte mein Verlobter ein schönes Bild für uns. Sein Motiv war unsere Zukunft, seine Farben aber bestanden jetzt aus den schönsten Beschreibungen:»Du musst dich um die vor uns liegende Zeit nicht zu sorgen, *Roja*. Wir sind finanziell abgesichert und ich werde auch nicht mehr ins Ausland gehen. Zumindest nicht ohne dich.« Seine deutlichen Worte schenkten mir Ruhe und trösteten mich. Ich vertraute ihm, wusste, dass er alle noch vor uns liegenden Probleme lösen würde. Und ich war überzeugt davon, dass Gott mir diesen Mann geschickt hatte, um all die Bitternis meiner früheren Jahre zu tilgen. Welche Qualen und welches gemeinsame Leid noch vor uns lagen, ahnten wir zu diesem Zeitpunkt beide noch nicht.

Ich bemerkte, dass sein Blick unerwartet unruhig wurde und tief entflammte. Ganz leise sagte er:»Weißt du, manchmal überdenke ich die Intensität und Tiefe meiner Gefühle für dich. Dann frage ich mich, wie es möglich ist, dass gerade jemand wie ich dich lieben darf?«Ich spürte, wie mein Gesicht bei diesen Worten zu glühen begann, antwortete aber nicht. Auf welche Weise hätte ich ihm erklären können, dass diesen lodernden und ungeduldig dreinblickenden Augen meine ganze Liebe galt? *Amir* fuhr fort: »Gott war bei uns. Auch wenn wir vorübergehend das Gefühl besaßen, er könnte uns aus den Augen verloren haben, so hat er uns doch letztendlich zu einem guten Ende geführt. Wäre es ihm in den Sinn gekommen, für diese Ordnung der Dinge von mir ein Opfer zu verlangen, ich wäre spontan bereit gewesen, auf meinen Besitz und die Hälfte meines Lebens zu verzichten, nur um den anderen Teil an deiner Seite verbringen zu dürfen.« Mir war bewusst, dass er die Wahrheit sprach. In diesem Moment wurzelte seine Liebe endgültig in meinem Herzen und es gelang mir, in der Welt meiner vertrauten Gefühle eine ganz neue Dimension zu entdecken. Plötzlich kannte ich die Antwort auf seine Frage. *Amir* hatte die Kunst beherrscht, fast unbemerkt in mir bestimmte Erwartungen zu wecken und mit sich selbst zu werben. So waren seine Welt und seine Bedürfnisse auf ganz behutsame Weise eingedrungen in meine Seele, hatten sie liebevoll in Besitz genommen und erreicht, dass nun auch mein Körper über den Weg des Herzens zum Geliebten fand. Das war der Unterschied zu *Shahram* und all denen, die bestrebt sind, vordergründig ihren Körper zu befriedigen, um danach erst durstig ihre seelische Genugtuung zu suchen. Der Sinn unserer Verbindung aber ergab sich aus einem gegenseitigen Verständnis füreinander, das nicht fortlaufend der Worte bedurfte. Und gerade deshalb liebten wir die Worte zwischen uns. Leidenschaftlich diskutierten wir über nur alle erdenklichen Themen, trugen sie nun den Namen der Politik, Gesellschaft oder Kultur. Mehr als je zuvor verspürte ich den Wunsch, wieder selber zu schreiben. Fortan wurde *Amir* von mir mit »kleinen Werken« nur so überhäuft, als gälte es, einen Wettbewerb im Schreiben von Schulaufsätzen zu gewinnen. Alles las er mit heftigem Verlangen und lobte mich für meinen gleichermaßen mit Verstand und Gefühl geführten Schreibstil. Das aber zu vollführen war für mich ganz einfach gewesen, seit sein Wesen in mir wohnte. So wuchs meine Persönlichkeit und nahm an Stärke zu. Nicht selten hatte ich jetzt das Gefühl, mich seelisch zu häuten, um endlich zu einer Frau heranzureifen, der man es am Ende eines beschwerlichen Weges ermöglicht, endlich ihre wahren Eigenschaften zu entdecken.

Verständlicherweise gewann ich nun deutlich an Eigenständigkeit und wurde dennoch eins mit *Amir*. Dies aber war nur ein vordergründiger Widerspruch, das hatte ich schnell begriffen.»*Roja*, noch bist du für mich ein ungeschriebenes Buch, doch schon heute lese ich täglich voller Begierde ein neues Kapitel in dir.« Ich entgegnete ihm: »Diese Kapitel werden durch deine Nähe geschrieben, *Amir*. Sag mir, wie geduldig muss man sein, wenn man von dir fern ist?« Er aber antwortete: »Nicht so geduldig, wie man sein sollte, um die Ferne von dir zu ertragen.

Kapitel 18

Shahrams Schatten

Auf getrennten Wegen verließen wir den Iran, um uns für einige Reisetage an einem gänzlich anderen Ort wieder zu begegnen. *Amir* hatte für uns Istanbul als vereinbarten Treffpunkt ausgewählt. Ich hatte meine Söhne für die Zeit der Abwesenheit *Mehri* anvertraut und war voller Verlangen, unsere Liebe das erste Mal ohne Furcht vor einer Entdeckung zu erleben. Noch nie hatte ich mein Heimatland verlassen. Jetzt aber erwachte ein starkes Interesse in mir, anderenorts das Leben von Menschen eines vergleichbaren Kulturkreises kennen zu lernen.

Amir hatte für uns ein Zimmer im Hotel Imperial gebucht, das für uns damals die erste Adresse der Stadt darstellte. Hier trafen wir uns nun unerkannt in ausgesucht noblem Ambiente, um für eine kurze Zeit unsere Liebe in nie gekannter Freiheit auszuleben. Istanbul selbst zog mich ganz unmittelbar in seinen Bann. Fasziniert beobachtete ich um mich herum das pulsierende Treiben zufriedener und entspannter Gesichter. Die Straßen waren gesäumt mit den vielfältigsten Geschäften, Bars und Restaurants. Vor den Cafés saßen die Männer an aufgereihten kleinen Tischen, damit beschäftigt, sich gelassen mit diversen Brettspielen die reichliche Zeit zu vertreiben. Gewürzdüfte mischten sich mit dem Benzingeruch des Straßenverkehrs und ich spürte um mich herum deutlich den Atem der Lebensfreude und Freiheit. Der schönste Ausdruck dieses Lebensgefühles aber bestand für mich darin, mit meinem Vertrauten Seite an Seite durch öffentliche Straßen flanieren zu können. Ausgelassen, wie zwei frisch Verliebte, nutzten wir die Stunden, bummelten übermütig durch die vielfältigen Viertel der Stadt und ich fragte mich, weshalb wir eigentlich ein derart teures, weil viel zu selten genutztes Hotelzimmer gemietet hatten. Wäre es nach uns gegangen, wir hätten diese Stadt bis zu unserer Hochzeit nicht verlassen.

Am Abend des dritten Tages waren unerwartet dunkle Wolken aufgezogen und hatten ein kräftiges Unwetter herangeführt. Aber auch diesmal hielt uns nichts im Hotel. Selbst in strömendem Regen wollten wir auf unser grenzenloses Gefühl von Unabhängigkeit und Selbstbestimmung nicht verzichten. So überließen wir uns bereitwillig dem verführerischen Sog des nächtlichen Treibens. Erst gegen Mitternacht kehrten wir erschöpft in unser Hotel zurück. Im menschenleeren Vorgarten begrüßten uns stumm die Schemen einiger Stühle, auf die wir uns müde fallen ließen. Mein Blick streifte den abgedunkelten Park, den man wenige Stufen unter uns in Form einer Terrasse angelegt hatte. Die blühenden Bäume dort wirkten auf sonderbare Weise welk und vertrocknet, so als hätte sie der Regen der letzten Stunden gar nicht erreicht. Dennoch verströmten sie jetzt in der reinen Luft einen ganz intensiven Wohlgeruch. Eine nicht zu beschreibende Stimmung breitete sich zwischen uns aus und *Amir*, der Poet, raunte mir ins Ohr: »Weißt du *Roja*, im Iran denke ich nicht über die Tage nach. Hier aber kenne ich sie alle, nenne ihre Namen, unterscheide sie nach ihren Farben und lasse mich mit meinem Sinn für Genuss bereitwillig auf ihre Aromen ein. Alles um mich herum hier ist pures Leben. Die Tage in Istanbul erscheinen mir wie Vögel, die sich auf unseren geöffneten Händen niederlassen, um behutsam die Minuten der Liebe zwischen uns aufzupicken. Und ich beobachte aufmerksam, wie sie mit dieser gesammelten Zeit ebenso übermütig wie wir in den Himmel aufsteigen. Ich hoffe sehr, dass dort oben diese Minuten für uns sorgsam verwahrt werden.« Er drückte leicht meine Hand und ich lehnte zum Zeichen des Verständnisses den Kopf eines pickenden Vogels an seine Schulter.

Nach unserer Rückkehr begann *Amir*, trotz seiner zeitaufwändigen Geschäfte im Außenhandel, zielstrebig unsere Hochzeit vorzubereiten. Beide waren wir fest entschlossen, uns nie mehr voneinander zu trennen, und überlegten, ob wir in *Teheran* oder lieber in *Shiraz* wohnen wollten. Noch nie hatte ich mich an der Seite eines Mannes so eigenständig gefühlt, und dafür dankte ich ihm mit den mir eigenen Gesten. Mehr noch aber galt Gott mein Dank, der uns so großmütig führte.

Leider war uns seine Gunst nur vorübergehend gewogen, denn das Schicksal änderte wieder einmal abrupt die Richtung seines Verlaufes und überzog uns mit seiner vertrauten Farbe der Trauer. *Shahram*, der von meiner geplanten Heirat erfahren hatte, war unvermittelt wie ein Gespenst aufgetaucht. Der Grund hierzu war schnell erfasst. Der Vater meiner Kinder war gekommen, um mir *Ali* und *Reza* zu nehmen. Panik und Entsetzen lähmten meine Glieder, als er meinen Jüngsten mit regungslosem Gesichtsausdruck meinen Armen entriss und ihn rüde unter einem Schwall unflätiger Worte wie einen kleinen zappelnden Sack hinter sich herzog. Von Tränen überströmt folgte ich beiden hastig, um mein Kind aus dieser unwürdigen Situation zu befreien. *Shahram* aber stieß mich mit aller Gewalt zurück und schrie mich an: »Du willst heiraten? Wozu brauchst du dann die Kinder? Dies sind meine Kinder, und

Kinder gehören an die Seite ihres Vaters!« *Ali* hatte sich bereits beim Anblick der rohen und gemütlosen Szene ängstlich im Wagen seines Vaters verkrochen, das sich auch schon mit starker Beschleunigung in Bewegung setzte. Gänzlich außer mir, rannte ich auf die Straße, konnte aber nur noch dem davoneilenden Wagen hinterherblicken. Oh mein Gott, ich hatte es nicht verhindert, meine beiden Söhne vor ihrem Vater zu schützen. Mehr noch, ich war machtlos gegenüber meinem Herzen gewesen, das jetzt mit dem Gewicht einer Anklage wild in mir rebellierte.

Versteinert wie eine Statue stehe ich er Mitte des Platzes und spüre eine Flutwelle der Tränen aus mir hervorbrechen. Meine Nachbarin, die mir nachgeeilt ist und sich nun vergeblich als Trösterin versucht, führt mich wieder zurück ins Haus, das mich mit abweisender Stille und atemraubender Leere empfängt. Wie ein aufgescheuchtes Tier während der Jagd laufe ich ziellos durch die Räume. Die Bilder der Kinder an der Wand machen mich rasend. Wie naiv und leichtsinnig war ich eigentlich gewesen, zu glauben, *Amir* und ich hätten endlich ein dauerhaftes Glück miteinander gefunden. *Amir*, ich muss ihn sofort informieren.

So schnell es ihm möglich war, eilte er zu mir und verlor doch im Augenblick der geschilderten Ereignisse seine Beherrschung. Das war das zweite Mal, dass ich meinen Verlobten um Fassung ringen sah und beide Male war es *Shahram* gewesen, der den Anlass dazu gegeben hatte. *Amirs* Schmerz verschmolz umgehend mit meinem Leid, war doch auch er in der Ferne zu einem hilflosen Zeugen verächtlicher Handlungen geworden. Die noch vor Stunden gelebten Gedanken an eine Heirat gehörten auf einmal ebenso einer verflogenen Hoffnung an, wie die, auf eine gemeinsame Zukunft. Das war *Amir* ebenso klar geworden, wie mir. Keiner von uns verlor darüber ein Wort. Scheu berührten sich unsere Hände.

Noch am Abend hatte ich den Wunsch, meine Seele an seiner Seite zu beruhigen, doch es gelang mir nicht. Wie damals fühlte ich mich, als ich den Fortgang unserer Mutter beobachtete und mein Gemüt auf der Suche nach innerem Frieden ebenso erfolglos umherirrte wie heute. Der Verlust meiner Söhne und der meiner Mutter standen mir wie eine Erkenntnis vor Augen, nach der sich mein Leben in einer beständigen Wiederholung befand, wenn auch die Personen der Handlung austauschbar waren.

Ich dachte verzweifelt über einen Ausweg nach. Doch so sehr ich auch überlegte, es fiel mir keine Lösung zur Annäherung an meine Söhne ein. Alle meine mündlichen Anfragen und Telefonate blieben erfolglos. Keiner konnte mir über den Verbleib meiner Kinder Auskunft gegeben. Und selber erhielt ich keine Nachrichten. Mittlerweile hatte die Unruhe in mir eine Art der Befindlichkeit erreicht, die man sonst nur bei Verrückten antrifft. Ich war nicht mehr im Besitz klarer Sinne, musste in der logischen Folge vorübergehend meinen Frisiersalon schließen und ließ mich schließlich, nervlich völlig am Ende, bereitwillig in *Amirs* Haus einsperren.

Zwei Tage später brachte mich mein Verlobter kurz entschlossen in eine Villa am Kaspischen Meer, die er kurz zuvor für uns gekauft hatte. Erschöpft und müde schlief ich während der langen Fahrt einen namenlosen Traum. Unser Domizil lag im Norden der Region inmitten unberührter Natur. Die Ruhe hier gab mir eine Sicherheit, die durch die versteckte Lage des Anwesens ihre weitere Verstärkung fand. Unbewusst nahm ich im Hintergrund das Rauschen des Meeres wahr und spürte, wie mich der Gleichklang der Wellen in einem wohligen Dämmerzustand hielt, den ich um keinen Preis mehr verlassen wollte. *Amir* lud inzwischen unser Gepäck aus, um es im Haus zu verstauen. Vor seinem Besitzerwechsel hatten dem Gebäude die Termiten erheblich zugesetzt, sodass mein Verlobter gezwungen war, den größten Teil der Hauseinrichtungen zu erneuern. Jetzt waren die Wohnräume stil- und liebevoll eingerichtet. Und dennoch fühlten wir uns in diesen Stunden wie zwei Gefangene, die von einem fernen Wächter namens *Shahram* beherrscht wurden. Die Situation wurde unerträglich.

Obwohl uns der Tag mit einer angenehmen Wärme umgab, begann ich dennoch zu frieren. Unwillkürlich horchte ich in mich und unvermittelt sprang mich jene mühsam verdrängte Unruhe wieder an. Mittlerweile waren zweiundzwanzig Tage seit der Trennung von *Ali* und *Reza* vergangen. Erst jetzt begriff ich, welche Leiden meine Mutter bei ihrem Fortgang durchlitten haben musste. *Amir*, der ahnte, was mich bewegte, versuchte mich mit einer leichten Berührung seiner Hände zu trösten, doch der vorsichtige Versuch misslang. Ebenso verfehlten seine Worte ihr Ziel. »*Roja*«, flehte er mich an, »ich bitte dich im Namen Gottes, beruhige dich doch endlich! *Shahram* kann die Kinder nicht dauerhaft bei sich behalten. Ich bin mir sicher, er meldet sich bald bei uns. Die Verantwortung für zwei Kinder wird ihn sehr schnell überfordern. Von welchem Geld will er die beiden überhaupt unterhalten?« Ungeachtet seiner Worte weinte ich weiter still in mich hinein und fand keine Ruhe. »*Amir*«, rief ich, »stell dir bitte vor, da gibt es eine Frau, die wird durch die Handlungen ihres Mannes dazu getrieben, ihre eigenen Kinder zu verlassen. Und da gibt es die andere Frau. Der werden die Kinder vom Mann gleich selber genommen. Kannst du glauben, dass beide Mütter einen unterschiedlichen Schmerz erfahren? *Amir*, ich habe heute das Mitleid für meine Mutter gefunden, ohne dass ich ihr Handeln in meiner Kindheit nicht verstehen konnte. Ich weiß nicht, ob die Mutter meiner Geschwister heute noch lebt oder bereits verstorben ist, begreifst du das? In welcher Situation lebt diese Frau heute, im Glück oder im Elend? Falls sie bereits gestorben ist, was war der Grund ihres Todes? Hat sie sich selber das Leben genommen vor lauter Schmerz oder hat sie jemand mit brutaler Gewalt in die Hände des Todes getrieben? *Amir*! Wer beantwortet mir meine Fragen? Wenn du es nicht kannst, der liebste Mensch, den ich neben meinen Kindern habe, wer soll es dann für mich tun?« Es entstand eine Pause, in dem ich fühlte, wie mein stiller Vertrauter den Kampf gegen seine Tränen verlor. Bedrückt zog er mich an sich und flüsterte: »Wenn du möchtest, werden wir uns offiziell beschweren. Vielleicht können die Behörden etwas für uns unternehmen. Außerdem kenne ich einen guten Anwalt. Mit ein wenig Geduld und dessen Hilfe finden wir bestimmt eine Lösung. Aber glaube mir, deine verständliche Ungeduld macht die Bewältigung des Problems nicht gerade leichter.« Ich ergriff seine Hand. »*Amir*, in all den Jahren verspürte ich eine tiefe Sehnsucht nach den Blicken meiner Mutter. Jetzt aber hasse ich alles um mich herum. Ich hasse meine Arbeit, meine Familie, mein Leben, ja sogar meine Mutter, von der ich nicht einmal weiß, ob sie noch lebt. Als sie mit mir schwanger war, hätte sie mein Wachstum in ihrem Leib unterbrechen müssen. Muss ich denn als Preis für dieses Versäumnis ein derart unwürdiges und leidvolles Dasein führen? Für wen, *Amir*? Sag mir doch, für wen? Etwa für dich oder uns? Ist dein Leben glücklicher geworden durch mich? Jedes Mal, wenn ich von den Problemen anderer Menschen erfahre, mache ich mir Vorwürfe, weil ich meinen eigenen Herzschmerz so wichtig nehme. Im Gegensatz zu vielen anderen konnte ich bislang immer meinen Kummer ertragen. Aber jetzt, *Amir*, jetzt kann ich nicht mehr. Verstehst du mich, ich bin dazu nicht mehr fähig?« Mein Geliebter schaute mich scheu und erschrocken an. Ich wusste, dass er begriff und an seiner eigenen Hilflosigkeit verzweifelte. Unversehens waren wir beide Opfer des grausamen Handelns einer von Männern dominierten Welt geworden, die mit staatlicher Gewalt alles Weibliche unterdrückte, allein um ihre Machthaber zu stärken.

Am folgenden Tag verließen wir die schöne Villa am Kaspischen Meer und fuhren zurück. *Amir* konsultierte sogleich einen Anwalt, der unserer Gerichtsbarkeit verdeutlichen sollte, dass es Sinn bringender sei, das Sorgerecht demjenigen zu überlassen, der die Befähigung dazu auch tatsächlich besitzt. Schon war eine Woche vergangen, ohne dass in der Angelegenheit irgendetwas in Bewegung kam. Alle Türen schienen für uns verschlossen und alle Bemühungen aussichtslos. Das Gesetz erkannte das Sorgerecht für *Shahram* an und verwies mich als Mutter in meine niederen Schranken. Alle Hoffnungen auf Nähe zu meinen Kindern waren auf einmal verflogen.

Mittlerweile waren fünfundvierzig Tage seit dem Übergriff *Shahrams* verstrichen, als er endlich bei uns anrief. Augenblicklich entlaubte sich mein Herz. »Wo sind meine Kinder?«, schrie ich in den Telefonhörer. Mit einem Ton, als wolle er meine eigene Hinrichtung verkünden, antwortete er: »Du willst deine Kinder wiedersehen? Ich habe dir bereits gesagt, Kinder gehören an die Seite ihres Vaters. Aber du hast Recht. Kinder brauchen auch ihre Mutter. Wenn du also deine Kinder wieder sehen willst, wirst du mich wohl ein weiteres Mal heiraten müssen!« Augenblicklich wurde mir eiskalt zumute. War wirklich wahr, was hier geschah? Sollte ich tatsächlich zum Spielball eines unberechenbaren, drogensüchtigen Mannes werden, der fern jeglicher Moral von den Gesetzen geschützt wurde? Und doch spürte ich, wie die Sehnsucht nach meinen Söhnen meinen inneren Widerstand in Sekunden auflöste. Ohne dass ich es wollte, schrie ich: »Alles was du verlangst, erfülle ich dir, aber bring bitte die Kinder hierher zurück!« Noch nie hatte ich bitterere und schwerere Worte ausgesprochen. Mir war der Hörer aus der Hand geglitten. Ich heulte laut auf. Meine Augen und mein Herz brannten vor Schmerz und der Kopf war nahe davor zu zerspringen. So also fühlte es sich an, wenn man nur wenige Augenblicke vor seiner körperlichen Zerstörung stand. Plötzlich war mir der Raum, war mir mein eigener Körper zu eng. Das Herz schlug in beunruhigender Unregelmäßigkeit. Mit einer kräftigen Bewegung riss ich das Fenster auf und schrie aus Leibeskräften in den bewölkten Himmel: »Oh Gott, warum!«

Spät in der Nacht schrieb ich ein Gedicht für meine Söhne.

Zwei weiße Knospen

Ich bekomme meinen armen Körper
nicht in mein Wesen hinein.

Um dich zu berauben,
schüre ich die Glut meines Herzens,
darin das Schwert meiner Liebe versinkt.

Mitternacht, wenn der Mond
die Buchen erhellt,
brennt dein Wesen,
weil an meiner Seite
zwei Knospen wachsen,
die mein Gefühl trinken und
gemächlich meine Liebe.

Du fragst mich nach ihrem Stamm,
und ich sage dir,
der Stamm sind
die Berge, die Wüste, der Sturm.
Alle sind mein Stamm.

Ich habe dich in den Tränen
des Vollmonds gesehen,
du, mein Verwandter von einst.

Roja

Kapitel 19

Spiel mit dem Leben

Nachdem ich mich wieder beruhigt hatte, überdachte ich meine Lage und die Gründe, die mich spontan veranlasst hatten, auf die abstoßende Forderung *Shahrams* einzugehen. War ich einem Impuls gefolgt, der seinen Ursprung in den Erlebnissen frühester Kindheit fand, oder einem bloßen Instinkt, als ich das Wohl meiner Söhne über mein eigenes setzte? Meine Mutter, die für sich einen anderen Weg gewählt hatte, fiel mir wieder ein. War ihr Leid damals größer gewesen als meines heute oder hatte sie nicht den gleichen Drang, nicht denselben Trieb in sich verspürt? Derartige Überlegungen verwirrten mich. Und dann war da noch *Amir*. Ich hatte eine Entscheidung herbeigeführt, die auch ihn ganz unmittelbar betraf, und ich machte mir nichts vor. Sobald er von meinen Heiratsabsichten erfahren würde, hätte unser gemeinsames Leben seine Zukunft verloren. Wie konnte ich von ihm Akzeptanz und Verständnis erwarten?

Zwei Tage später kehrte mein Verlobter erschöpft von einer mehrtägigen Geschäftsreise zurück. Seine Wiedersehensfreude verflüchtigte sich augenblicklich. Zu gering war mein Talent, um meinen Seelenzustand zu verbergen. Stockend und unter Tränen begann ich von meinem Gespräch mit *Shahram* zu berichten. Das Elende seines Inhaltes kam wie eine Katastrophe über ihn und ich glaubte, an einem Tag zu erleben, was andere qualvoll über Monate hin durchleiden. Auf einmal war mir, als sei der Sinn unseres Hierseins für immer verflogen. *Amir* musste ähnlich empfinden. Deutlich spürte ich, wie ein Anflug von Schwäche seinen Körper erfasste. Das Atmen fiel ihm schwer und mein ganzer Schmerz mischte sich mit seiner Verzweiflung in unseren glanzlos gewordenen Augen. Bei aller Hoffnungslosigkeit fühlte ich eine starke Wut in mir aufkeimen, eine Entrüstung, die sich gegen mich selber und meine Handlungen richtete. Ich fürchtete mich plötzlich vor dem Gedanken, in den Augen *Amirs* unsere Liebe erniedrigt und verraten zu haben. Seine Möglichkeit, mich künftig als eine Unwürdige zu betrachten, zerriss mir das Herz. Noch in derartig düstere Überlegungen verstrickt, bemerkte ich nicht, wie er sich von mir abwandte und wortlos den Raum verließ.

Das alles war so schnell gegangen, dass ich gar keine Gelegenheit gehabt hatte, ihm die Gründe meines Handelns zu erklären. Wie gern hätte ich ihm die Reinheit meiner Empfindungen begreiflich gemacht. Wie gern hätte ich ihn zurückgehalten, aber nichts von allem geschah. Zum ersten Mal war eine Situation entstanden, in der ich nicht in seinen Gedanken lesen und den Zustand seines Gemütes begreifen konnte. War die Zuneigung meines Liebsten wirklich in wenigen Augenblicken in sich zusammengesunken, weil ich mich trotz unserer Liebe für meine Kinder und damit gegen unser Verlöbnis entschieden hatte? Ich wollte es nicht begreifen und verstand ihn doch. So, wie ich mich verstand und dennoch mein Handeln nicht begriff.

Wieder waren zwei Tage vergangen, und immer noch befand ich mich in großer Sorge um meine Kinder. Je mehr ich mich dem mit *Shahram* vereinbarten Zeitpunkt unseres Treffens näherte, umso mehr wuchs meine Angst. Sehnlich hoffte ich auf eine Begegnung mit meinen Söhnen ohne die Anwesenheit ihres Vaters. Dabei kam mir gleichzeitig der

Gedanke an eine neuerliche Flucht in den Sinn. Doch war dies nur ein Wunschbild, dem die Tatsache gegenüberstand, dass ich schon in Kürze wieder mit meinem Peiniger verheiratet sein würde. Der bloße Gedanke daran bereitete mir Übelkeit. Noch wusste ich nicht, wie ich es anstellen sollte, bei unserem Wiedersehen meine Selbstbeherrschung zu bewahren. Die fiel mir bereits bei dem Gedanken an unsere kommende Begegnung schwer und nur mühsam konnte ich meinen Schmerz und den niedergerungenen Stolz verbergen.

Als ich vor der mir beschriebenen Wohnung stehe, zittert mein fiebriger Körper. Deutlich spüre ich das heftig schlagende Herz und mit dem ersten Klingelton öffnet sich die Tür, aus der mir *Ali* und *Reza* zu meiner Erleichterung wohlbehalten mit ihren strahlenden Gesichtern in die ausgebreiteten Arme stürzen. Vorsichtig betrete ich mit ihnen die mir unbekannten Räume. Von *Shahram* ist nichts zu entdecken. Sollte sich mein Wunsch erfüllt haben? Um mich auszuruhen, setze ich mich auf einen Stuhl und betrachte das Zimmer. Noch bevor meine Augen das Mobiliar bewusst erfassen können, höre ich bereits aus dem Nebenzimmer die mir so verhasste Stimme. Umgehend erlischt meine Freude über das Wiedersehen mit den Kindern. Ich erhebe mich, denn ich will *Shahram* aufrecht gegenübertreten. Gleichzeitig meide ich seinen Blick. »Du musst diesen Moment hier und alles, was danach kommt, ertragen«, suggeriert mir eine innere Stimme. »Schließlich ist das der Preis dafür, dass du deine Kinder behältst. Hast du das vergessen?« Es ist plötzlich still geworden im Zimmer. Scheu beobachten *Ali* und *Reza* den Umgang ihrer Eltern miteinander. Ihr Vater fixiert mich in der ihm eigenen Art, während mein Gesicht den Ausdruck purer Verachtung annimmt. Trotzdem schmerzt sein anzüglicher Blick auf meinem kalten Körper. So stehen wir beide uns lange Sekunden schweigend gegenüber. Plötzlich ergreift er die Kinder, dreht sich mit ihnen um und verlässt völlig überhastet die Wohnung. Noch im selben Moment folge ich den dreien wie ein Automat und doch nicht ohne innere Beteiligung. *Shahram* ist also ohne Rede in mein Leben zurückgekehrt und ich denke an *Amir*, der wortlos von mir ging.

Wenige Tage später waren wir wieder verheiratet. Da noch keine drei Monate seit unserer Scheidung vergangen waren, konnten wir das offizielle Urteil im Amt für Justiz problemlos aufheben lassen, sodass es keiner erneuten Eheschließung bedurfte. So blieb mir wenigstens die Heuchelei einer Hochzeitsfeier erspart.

So gut es ging, versuchte ich mich jetzt durch meine tägliche Arbeit abzulenken. Der Frisiersalon florierte und unser Alltag hätte halbwegs erträglich sein können. Doch *Shahrams* Drogenmissbrauch hatte seit unserer Trennung derart exzessive Ausmaße angenommen, dass ich in ständiger Angst vor seiner Zügellosigkeit lebte. Da er selber keine eigenen Einkünfte schuf, war ich gezwungen, sämtliche Ausgaben für die Beschaffung seiner Rauschmittel zu tragen. Dessen noch nicht genug, kassierte er bei mir zu regelmäßigen Zeiten sein, wie ich es nannte, »Erpressungsgeld«, als Gegenleistung für die mir gewährte Nähe meiner Kinder. Die Situation war einfach grotesk und derart unwürdig, dass ich erstmals an meinen Kräften zu zweifeln begann. *Amir*, der unser Treiben aus der Ferne beobachtete, hatte unsere Verbindung endgültig aufgegeben und war erneut ohne ein Wort des Abschieds außer Landes gegangen. Wo er sich aufhielt, konnte ich nicht in Erfahrung bringen.

Tage nach seinem Fortgang vertraute ich mich in völliger Verzweiflung meinem einzig verbliebenen Freund an. Intensiv besprachen *Mohammad* und ich meine ausweglose Situation. Sein Verständnis und seine Nähe taten mir gut. Doch neue Kraft erfuhr ich dadurch nicht. »Ich habe mir oft und lange den Kopf über dich und dein Leben zerbrochen, *Roja*«, erklärte er. »Ich weiß nicht genau, aber vielleicht war es dein Fehler zu glauben, du könntest die ewigen Unterdrückungen von *Shahram* auf Dauer ohne Schaden überstehen. Dieser Mann stellt für mich ein großes und unberechenbares Feuer dar, das niemand zügeln kann. Mit ihm brennen ganze Kornhaufen. Als kleiner Funke ist er in dein Leben gekommen. Dass er danach die Gestalt einer zügellosen Flamme annehmen konnte, lag wohl mit an deiner Jugend und deiner damit verbundenen Unwissenheit, deinem Mangel an Erfahrung, letztlich aber auch am Schweigen der Eltern. Später dann konnte sich dieser Unmensch weiterentwickeln, weil er mit deiner Geduld, Nachsicht und Weichheit rechnete. Und heute musst du für das Ergebnis dieses Prozesses einen Preis entrichten, der unmenschlich ist. *Roja*, verzeih mir, aber auch ich finde für dich keinen Ausweg, und glaube mir, keine Lösung des Problems zu kennen, lässt mich bisweilen verzweifeln.« »Ich weiß, *Mohammad*«, entgegnete ich leise. »Wir haben eines vergessen. Am meisten foltert mich der Verlust von *Amir*. Ich kann ihm für sein Verhalten nicht böse sein und ich kann ihn auch nicht vergessen.« Ich wollte vor *Mohammad* nicht ausbreiten, welche körperliche Sehnsucht ich noch in mir trug, wie sehr ich Amirs Blicke und Zärtlichkeiten vermisste und wie gern ich mich an seine hilfreichen Gesten erinnerte. Der Verzicht auf den Beistand seiner starken Seele strapazierte mein Gemüt auf ganz ungewöhnliche Weise. Weder tagsüber noch des Nachts fand ich meine innere Ruhe. Wie eine ausgehungerte Heuschrecke fraß sich der Kummer in meine Seele, deren Körper mir wie ein seelenloser Leichnam erschien.

Die Zeit verstrich ohne eine Hoffnung auf Veränderung. Die Stimmung unter uns war drückend und lastete selbst auf den Kindern. Langsam begann sich in dieser Atmosphäre mein Wesen zu verändern. Die Quellen der Tränen waren versiegt und da ich nicht mehr zum Weinen fähig war, begann ich plötzlich zornig zu werden, wurde ungerecht gegenüber anderen und begann gegen meine sonstige Gewohnheit oft und unvermittelt zu schreien. Plötzlich war ich selbst zur unerträglichen Person meiner Umgebung geworden. Die Freude am Umgang mit Menschen war mir unbemerkt abhanden gekommen. Deren Verhalten, ihre Reaktionen auf meine Befindlichkeiten, das Getöse der Reden, all das erschien mir plötzlich abstoßend und zuwider. Erträglich blieben mir lediglich meine Schwester *Mehri* und *Mohammad*, zu denen ich weiterhin einen engen Kontakt suchte. *Shahram* kam ganz nach Belieben, blieb für Stunden oder für Tage, ohne sich um uns zu kümmern. Hatte er den Kassierer gespielt, verschwand er wieder. So also sah heute mein Leben aus. Ich betrachtete es voller Abscheu und Ekel.

Fünf Monate waren seit *Amir*s Ausreise vergangen. Vor kurzem hatte er damit begonnen, mir erste zaghafte Briefe zu schreiben, und ich war dankbar für dieses Licht, das mich im Sumpf meines Alltages erreichte. Damit war der Kontakt zwischen uns doch nicht verloren. Begierig las ich seine Briefe und wusste dennoch nicht, auf welche Weise ich sie beantworten sollte. So freute ich mich lieber im Stillen und schwieg.

Nicht erstaunt bin ich, dass mich der Herbst in diesem Jahr stärker als sonst mit seiner Melancholie umfängt. Der frühe Abend kommt mit Blitz und Donner im Gefolge eines kräftigen Gewitters. Das schrille Gewinsel des sich an der Hausfassade brechenden Windes schreckt mich auf. Mit gefrorenem Herzen betrachte ich sein Spiel mit dem herabfallenden Laub. Wild tanzen die Blätter über den Asphalt. Erstmals bin ich auch in dieser Jahreszeit eins mit der Natur, atme ich ihren Schmerz, mit dem sie vom Sommer Abschied nehmen muss. Schon bald wird sie sich meinem Seelenzustand angeglichen haben.

Seit langem nehme ich wieder Blatt und Stift zur Hand und schreibe *Amir* einen Brief.

»Mein Liebster! Nichts von dem, was uns bisher verbunden hat, gehört meiner Vergangenheit an. Nichts von dem, was zwischen uns geschehen ist, ging verloren. Weder meine Fähigkeit, um dich zu weinen, noch meine Gabe, dich aufrichtig zu lieben. Vielleicht zweifelst du an meinen Worten. Kann ich es dir verübeln? Aber dennoch bitte ich dich, entdecke für mich noch einmal all die Erinnerungen an unser Zusammensein und verzeih mir, dass ich unter dem Druck meines Kummers dir gegenüber nicht standhaft blieb. Du fragst, warum ich dir nicht längst auf deine liebevollen Zeilen geantwortet habe? Liebster, der Grund ist nicht so kompliziert, wie die Situation, in der wir uns beide befinden. Ich wollte dir nicht unter Schmerzen schreiben. Noch weniger mochte ich dir die Auflösung meiner seelischen Kräfte zeigen. Sehr schnell hättest du meinen Schilderungen ihr Geheimnis entlockt. Dass ich dennoch jetzt das Wort an dich richte, mag dir zeigen, wie das Verlangen nach dir meine Scheu überwindet.

Amir, heute fühle ich mich wie ein seelenloser Körper, der nicht weiß, welchen Weg er zu gehen hat. Seitdem du fort bist, begreife ich nichts mehr. Doch hoffe ich inständig, dass mir irgendwann auf meinem dunklen Weg ein Licht begegnet.

Liebster *Amir*! Unsere Liebe trug uns bis in die Unendlichkeit fort und der Verstand führte uns. Deshalb gelang es, sie zu bewahren, bis wir von meinen mütterlichen Instinkten in die Hoffnungslosigkeit getrieben wurden. Ich weiß es nicht, aber vielleicht kannte ich nicht den gerechten Weg der Auflehnung und des Kampfes. Vielleicht blieb er uns beiden verschlossen. Statt unsere Feinde zu treffen, verletzten wir uns selber. Ich weiß, dass du ebenso leidest wie ich, dass du ebensolche Schmerzen erduldest. Ist es das, was uns beide heute verbindet? Haben wir nichts verstanden? Ich bitte dich, lass uns gemeinsam eine Antwort finden.

Drei Wochen später kehrte *Amir* in den Iran zurück. Wie schlank er geworden war. Ich dankte Gott für seine Heimkehr und war nicht mehr bereit, auch nur einen Tag auf ihn zu verzichten. Seine Anwesenheit ließ augenblicklich meine verbrauchten Kräfte zurückkehren und ich wurde wieder geduldiger. Mein Frisiersalon ging mittlerweile so gut, dass ich zusätzliches Personal einstellen musste. Noch nie war mein eigenes Einkommen so hoch gewesen. Die Arbeit beanspruchte nun einen Zeitumfang, der mich leicht ablenkte, sodass ich kaum zur Besinnung kam. In den wenigen Pausen, die mir verblieben, kümmerte ich mich um meine Kinder und traf mich unter tausend Ängsten mit *Amir*. Zum einen fürchtete ich die Entdeckung durch unsere Polizei, andererseits die durch *Shahram*. Doch *Amir* und ich hatten jetzt das Schmerzhafte dieser Situation akzeptiert. Wir nahmen das Risiko auf uns und überließen unsere schicksalhafte Liebe dem Zufall. Und selbst mit diesem Leben hätte ich mich arrangieren können, wären da nicht immer wieder die unsäglichen Besuche *Shahrams* gewesen. Seine Dreistigkeit und Brutalität, diese Neigung, leichtsinnig mein Geld zu verschleudern, Opium zu rauchen, all das ließ mich mutlos werden. War er dann von seinen Suchtmitteln bis zur Besinnungslosigkeit berauscht, fand ich ihn nicht selten, nur mit einem Slip bekleidet, regungslos auf dem Fußboden liegen. Der Anblick seines nackten, von Drogen gezeichneten Körpers stieß mich unweigerlich ab. Hinzu kamen seine ständigen Lügen, mit denen er verhinderte, dass ich erfuhr, wo er sich außerhalb des Hauses aufhielt. Ich hingegen war ihm bedingungslose Rechenschaft schuldig, verpflichtet, weiterhin einen Großteil meiner Einkünfte an ihn abzutreten. Nur die Nähe *Amirs* ließ mich das Verächtliche dieser Situation widerwillig ertragen.

Zur gleichen Zeit verschärften sich die moralischen Regeln in unserer Gesellschaft weiter. Überall achteten jetzt Revolutionsgardisten verstärkt auf die Einhaltung der neuen Gesetze. Damit aber wurden die Begegnungen zwischen *Amir* und mir noch gefahrvoller. Uns beiden war bewusst, was mir im Falle einer Entdeckung widerfahren würde und das Schicksal, das danach meine Kinder erwartete, wollte ich mir gar nicht erst vorzustellen. Und doch zog mich die Sehnsucht fortwährend in die Arme der Gefahr. Und ich schrieb …

Wir haben Angst

Es regnet über dich,
du voller Duft der Akazie.
Sende dich mir in ganz sanfter Brise,
damit mein Wesen zittert,
vor Freude und nicht vor Gefahr.

Meine Hände sind leer
und mein Körper verdunkelt,
doch in deinem Duft ist das Licht,
in dem ich Ruhe finde.

Wir sind zwei wilde Vögel,
zwei Wellen im Meer unserer Liebe,
und doch verlorene Seelen,
die sich verstecken
unter dem Mantel der Unendlichkeit.
Wir haben Angst.

Roja

Kapitel 20

Vaters Wahrheit

Angst ist ein perfides und widersprüchliches Untier, verschüchtert und doch lauernd. Angst ist die geduckte Bestie, die uns anspringt, um unsere Seele zu fressen, und sich dabei vermehrt wie Fliegen. Dabei kann sie sehr anhänglich sein. Ich zumindest wurde meine nicht mehr los. Um mich abzulenken, arbeitete ich tagsüber in meinem Geschäft mehr als zuvor. Abends, wenn *Shahram* im Haus war, schloss ich mich in meinem Schlafzimmer ein. Hier überließ ich meine Furcht dem Drang zu schreiben. Meine Hand lief jetzt sehr geläufig über das Papier, als könnte ich mit geschlossenen Augen schreiben. Und was ich dokumentierte, diente mir dazu, Erlebtes zu überwinden. Gänzlich mit Vergangenheit und Gegenwart beschäftigt, vergaß ich die Möglichkeit auf eine Zukunft.

Die Nächte, in denen *Shahram* bei uns übernachtete, wurden seltener. Doch waren die wenigen mir immer noch zu viel. Schlief er in unseren Räumen, fand ich keine Ruhe, und die Schlaflosigkeit kratzte an meinem Leib und meiner Seele.

Die gemeinsamen Hochzeiträume mit *Amir* hatte ich aufgegeben. Trotzdem freute ich mich auf jede Begegnung mit ihm. Allerdings waren unsere Treffen nicht mehr so leicht zu arrangieren, schließlich wohnte er weiterhin in *Maschad*, und damit beträchtliche Kilometer von unserer kleinen Stadt entfernt. Zudem forderten die Kinder und der tägliche Haushalt meine ganze Aufmerksamkeit, die angesichts des florierenden Geschäftes immer schwerer zu erbringen war. So fuhr mich mein Auto nicht selten spätabends fast eigenständig nach *Maschad*, um mich erst im Morgengrauen übermüdet zurückzubringen.

Die ständige Angst vor einer Entdeckung quälte meine Würde und kränkte zugleich meinen Stolz. Man hatte mir von einer früheren Schulkameradin berichtet, die durch Peitschenschläge Nierenblutungen erlitten hatte. Der Grund dieser Misshandlung bedurfte keiner Erklärung. Als ich davon erfuhr, wurde ich vollends mutlos. Wieder beschlich mich die Angst, so als ob unsichtbare Hände unter meinen Füßen ein tiefes Loch graben würden, um im Augenblick des Sturzes meinen inneren Schrei zu erwecken.

Besaß das Band des Lebens für jeden von uns so etwas wie einen grünen, fruchtbaren Streifen? Falls ja, dann war mir bislang diese fruchtbare Zone verborgen geblieben.

Zwischenzeitlich hatte der Winter den Herbst mit einem Ausmaß an Schnee verdrängt, wie wir es schon seit Jahren nicht mehr erlebt hatten. In einigen Regionen brachte die Fülle weißer Flocken den öffentlichen Straßenverkehr fast gänzlich zum Erliegen und man entschloss sich kurzerhand, vorübergehend die Schulen zu schließen.

Ali und *Reza* nutzen, wohlig vergraben unter ihren bunt bedruckten Decken, die Gunst der frühen Stunde. Lächelnd lasse ich sie gewähren, beneide beide um ihre Fähigkeit des tiefen Schlafes. Ich selbst stehe vor dem geschlossenen Fenster und blicke gedankenverloren auf die von endlosen Nebelschwaden durchzogene Silhouette. Was wird mir mein Leben noch alles bescheren, sinniere ich. Sind die nächsten unvorbereiteten Ereignisse noch fern oder werden sie mich schon bald überraschen? Vor zwei Wochen hat *Amir* wieder einmal aus beruflichen Gründen den Iran verlassen. Mir fehlt seine Nähe. Dennoch gönne ich ihm den Aufenthalt in der Ferne, dort, wo das Wetter jetzt milder ist als hier und die Temperaturen angenehmer. Der Blick auf die vereisten Straßen lässt mich frösteln. Ich sehne mich nach einer Spritze, mit der es möglich ist, mir meine Vergangenheit aus den Adern zu saugen. Tief in meine winterlicher Melancholie versunken, führt mich augenblicklich der schrille Ton des Telefons in die Welt der realen Kälte zurück. Unerwartet ist die Stimme meiner Stiefmutter in der Leitung. »*Roja*, verzeih den Anruf zu dieser Stunde, aber dein Vater hat einen Herzinfarkt erlitten. du musst, so schnell du kannst, kommen!« Warum gerade ich?, ist mein erster Gedanke. Und so frage ich tatsächlich: »Warum auf einmal ich? Nach so vielen Jahren der Kontaktlosigkeit. Und vor allem, wohin soll ich kommen?«

Stunden später fahre ich mit *Ali* und *Reza* auf überfrorenen, tief verschneiten Straßen nach *Neyshabour*. Erneut kann ich mich nicht erinnern, wann ich das letzte Mal solche Schneemassen gesehen habe. So weit das Auge reicht, ist alles mit einem reinen Weiß umhüllt. Unzählige Eiskristalle brechen sich im Licht der aufgehenden Sonne und verleihen der Szene ihren eigenen, unverwechselbaren Zauber, den nur diese Jahreszeit hervorzubringen vermag. Bäume und Häuser geben unter der Last des Winters nur Teile ihrer Umrisse preis und locken die Phantasie des Betrachters. Um all die Schönheiten dieser Natur ganz in sich aufnehmen zu können, benötigt man ein glückliches Herz, denke ich und einen Gefährten gleicher Sensibilität. *Amir* fehlt mir.

Inzwischen haben wir *Neyshabour* erreicht. Wann war ich das letzte Mal in meiner Geburtsstadt gewesen? Dies ist auch der Ort, aus dem meine Mutter floh, nachdem ihr mein Vater eine Zukunft versagte. Wie hasse ich jetzt diese Straßen meiner Kindheit. Zunächst bringe ich *Ali* und *Reza* ins Haus meiner Eltern, begebe mich danach auf direktem Weg zum Krankenhaus. Vor dem Eingang treffe ich meinen Bruder *Amir*. Wie lange ist es her, dass wir uns schon nicht mehr gesehen haben? Herzlich umarmen wir uns unter Tränen, von denen niemand weiß, ob sie Ausdruck unserer Wiedersehensfreude oder der Sorge um unseren Vater sind. Gleichzeitig erinnere ich mich. Immer, wenn mich mein Bruder sah, glaubte er, an mir den Duft unserer Mutter wahrzunehmen. Auf diese Weise war ich ihm stets mehr als nur eine Schwester gewesen. Mir hatte seine Art der Wahrnehmung gefallen. Gelang es uns wenigstens auf diesem Wege, ihre Anwesenheit zwischen uns zu bewahren. Jetzt war *Amir* bereits selber verheiratet und stolzer Vater von drei Kindern. »Die Gefahr ist vorbei«, beruhigt mich *Amir*. Vater geht es nicht so schlecht, wie anfänglich zu befürchten war. Wir können jetzt unbesorgt sein.«

Meine Stiefmutter führt mich in sein Krankenzimmer, verlässt es aber sofort wieder mit dem diskreten Hinweis auf eine noch ausstehende Erledigung. Offenbar möchte sie, dass dieser Augenblick nur uns gehört. Der Raum ist bedeutend größer, als ich vermute. In seiner Mitte liegt mein mir abgewandter Vater in einem Bett aus gebogenen Metallstäben und ich denke, wenn er jetzt sein Leben verlieren würde, besäße ich nicht einen meiner Vorfahren mehr. Unsicher fühle ich mich in dieser Situation hier, trete ängstlich an sein Lager und nehme vorsichtig seine blau befleckte, geschwollene Hand, in der noch die Infusionsnadel steckt. »Vater, geht es dir gut?« Langsam dreht er seinen Kopf und wendet mir sein fahles Gesicht zu, das noch ganz von der Todesfurcht der letzten Stunden gezeichnet ist. Plötzlich füllen sich seine Augen, und seine Lippen beginnen zu zittern. Es ist das erste Mal, dass ich meinen Vater weinen sehe. Unwillkürlich setze ich mich auf den Stuhl neben ihn. Ist es möglich, dass uns die Angst vor dem Tod derart verändern kann? Und ich begreife nicht. So eine entsetzliche Angst vor dem Tode hat mein Vater? Plötzlich vernehme ich seine brüchige Stimme: »Meine Tochter, nun hättest du beinahe nicht mehr von mir erfahren, was du schon längst hättest wissen sollen. Es handelt sich um deine Mutter.« Er stockt, räuspert sich, rückt mühsam seinen Körper in eine bequemere Lage. »Du musst wissen, auch wenn es dir vielleicht unmöglich erscheint, aber ich habe deine Mutter …« Wieder unterbricht er sich. »Ich habe deine Mutter geliebt, wirklich und wahrhaftig geliebt!« Es bedarf keiner Sekunde, um die Worte zu erfassen. Der Satz wirkt wie eine Detonation in meinem Kopf. Was erzählt er da? Spricht er tatsächlich über *meine* Mutter? Nach so vielen Jahren? Erst langsam beruhige ich mich, und Vater fährt fort, mit dem, was ich wohl auch heute noch nicht erfahren hätte, hätte nicht der Tod mit einem Fehlstart seine Lippen in Bewegung gebracht. Fast weinerlich berichtet er, unter welchem elterlichen Druck er selber seine eigene Ehe führen musste, dass die eigentlichen Verursacher seiner Taten doch meine Großeltern waren, gegen die er sich nicht immer hatte behaupten können. Und er nennt zu seiner Rechtfertigung die Namen seines Bruders und dessen Frau, die gemeinsam mit seinen Eltern gegen die Ehe mit meiner Mutter waren. »Weißt du, wo sie jetzt ist«, frage ich, weil ich seine fragwürdigen Worte einer Rechtfertigung unterbrechen muss. »Wo ist meine Mutter?« »Ich weiß es nicht,

Roja. In den ersten zwei Jahren ihres Fortganges habe ich sie überall gesucht. Doch je mehr ich nach ihr forschte, umso weniger fand ich. Und später …« Er verstummt. Ein Berg an Fragen baut sich in mir auf, doch ich bleibe still. Was spielte das alles heute noch, nach so vielen Jahren, für eine Rolle? Wem wäre mit welchen Antworten gedient? Es ist besser, jetzt Vaters Herz zu schonen. Wortlos verharre ich an meinem Platz, halte immer noch seine zittrige Hand und warte, bis wir uns beide beruhigt haben. Die Schwester kommt und verabreicht dem Patienten Medikamente, unter deren Einfluss er einschläft, und als Stiefmutter den Raum betritt, verlasse ich mit gesenktem Blick das Zimmer.

Auf der Rückfahrt zu *Ali* und *Reza* begann ich das für mich so unerwartete Bekenntnis meines Vaters zu überdenken. War wirklich alles so klar und einfach, wie er es geschildert hatte? Domino, fiel mir ein. Wenn alles stimmte, was er mir heute erklärt hatte, dann gründete mein ganzes bisheriges Leben ausschließlich auf dem Effekt dieses Spiels. Ausgangspunkt hierfür war meine Großmutter, mit Wesenszügen, die mich schon als kleines Kind instinktiv abgestoßen hatten. Ihr unmittelbar nach folgte Großvater mit der Bereitschaft, es seiner Frau gleichzutun. Gemeinsam boten beide ihrem Sohn eine Erziehung, deren Auswirkungen selbst *Amir* und ich noch zu spüren bekommen sollten. Seltsam, nie zuvor hatte ich mir Gedanken über die Kindheit meines Vaters gemacht. Wenn es stimmte, dass er sich selbst im Alter des Erwachsenen nie ganz hatte aus dem Machtfeld seiner Eltern befreien können, dann musste er seinen Gefühlen einen besonderen Ablauf schaffen. Und so fand er sein Ventil, indem er fortan Schwächeren gegenüber herrschsüchtig wurde, despotische Züge annahm und im Umgang mit der Macht allgemeine Schuld auf sich lud.

Hiervon unmittelbar betroffen war zunächst meine Mutter. Die nächsten Dominosteine, die fielen, trugen meinen Namen und die meiner Geschwister. Welchen Lauf hätte unser aller Leben genommen, wäre unsere Kindheit von unserer Mutter und nicht den Großeltern begleitet worden? Großvaters Beerdigung fiel mir ein und mit ihm jenes Gespräch zwischen meinem Bruder *Amir* und mir abseits der Trauergäste, die wir aus der Entfernung mit kritischen Kinderaugen betrachteten. Ich musste an den Augenblick denken, als mich mein Vater gegen meinen Willen wieder in das Haus meiner Schwiegereltern zurückschickte, obwohl seine Tochter dort an der Seite *Shahram*s Stunden tiefster Entwürdigung durchlitten hatte. Wäre dies im Beisein meiner Mutter möglich gewesen? Und was war mit *Ali* und *Reza*? Auch ihr bisheriges Leben hätte vermutlich einen anderen Verlauf genommen. Sie standen in diesem unseligen Spiel am Ende einer Reihe aufgestellter Bausteine, von denen jeder stellvertretend für einen von uns stand. War mein Vater eigentlich Täter oder Opfer gewesen? Ich wusste es nicht. Vermutlich beides.

Als ich das Haus meiner Eltern betrat, war ich trotz meiner klar gefassten Gedanken verwirrt und voller Trauer. Nichts war hier mehr so wie früher, als ich noch als Kind durch die Räume lief. Mit fremden Augen ging ich herum. Das Geschäft meines Vaters hatte in den letzten Jahren deutlich weniger Gewinn abgeworfen als früher und musste vor kurzem ganz geschlossen werden. Dadurch hatte sich die Zahl der Besucher hier deutlich verringert. Meine Stiefgeschwister waren so weit herangewachsen, ebenfalls das Haus zu verlassen. Lediglich meine Großmutter war noch da. Unwillkürlich musste ich bei ihrem Anblick an das weinende Gesicht meines Vaters denken. Als wir uns begegneten, hatte sie gerade ihre Reinigung für das bevorstehende Gebet abgeschlossen und suchte nun unentschlossen für ihre Andacht im Haus die entsprechende Richtung. Wusste sie tatsächlich nicht, dass sich Mekka immer in der südwestlichen Himmelsrichtung des Irans befand? Wie konnte ein Gott suchender Mensch den Weg zu ihm vergessen? Oder verhielt es sich anders? Musste nicht jemandem, der schon längst die Orientierung im sittlichen Umgang mit den Menschen verloren hatte, auch der Weg zu seinem Schöpfer abhanden gekommen sein?

An diesem Tag verfolgte ich meine Großmutter erstmals mit kritischen Augen, und als die Nachmittagsstunde erreicht war, brach ich mit *Ali* und *Reza* auf. Zurück ließen wir eine alte Frau, die sich nicht verabschieden konnte, weil sie sich bereits auf das Abendgebet vorbereitete. Und ich dachte, Gott möge ihr verzeihen. Dann drehte ich den Zündschlüssel um und fuhr los.

All deine Wünsche
hast du begraben.
Qualvoll blicken deine Augen
in den Bilderrahmen der Vorzeit.

Weine nicht.
Als sie an jenem Herbsttag ging,
ging sie als sanfter Traum,
ohne Klage, wenn auch mit brennender Seele.

Ihr Bild kroch in meine Erinnerung.
Kannte noch nicht das Spiel der Familie.
Lass den schwarzen Vorhang geschlossen.
Will nicht um das Verborgene wissen.

Erkläre mir lieber,
was meine Mutter sagen wollte.
Damals.

Roja

Kapitel 21

Atemlos

Es war kurz vor *Ejde Nooroz*, unserem Neujahrsfest, als mich während der Arbeit fortwährend ein schmerzhafter Reizhusten befiel. Gerade jetzt vor dem Jahreswechsel ging das Geschäft in meinem Frisiersalon besonders gut. Täglich hatte ich bis spät in die Abendstunden hinein alle Hände voll zu tun, um die Vielzahl meiner Kundinnen zufrieden zu stellen. Zunächst war mir die Ursache dieser quälenden Befindlichkeit nicht klar und ich vermutete, mir eine Erkältung zugezogen zu haben. Aber schon früh erkannte der Arzt bei einem meiner Besuche, dass es sich hierbei um eine allergische Reaktion gegenüber Chemikalien handelte, mit denen ich fortwährend in meinem Salon hantierte. Mit einem kritischen Blick auf die gerade angefertigte Röntgenaufnahme riet er mir, sogleich jegliche Berührung mit diesen Mitteln zu vermeiden. Doch war dies für mich unmöglich. Der Friseurladen war voll. Bereits zwei Monate vor Beginn unserer Feiertage hatte ich damit beginnen müssen, Reservierungen auszusprechen. Nur durch die Ausgabe von Nummern war es mir möglich gewesen, die große Nachfrage zu steuern. Doch hatte ich mich dadurch meinen Kundinnen gegenüber verpflichtet. Mein gesundheitliches Problem lag darin, dass die meisten Frauen zum Fest ihre Haare färben und in Dauerwellen legen lassen wollten. Das war ohne Einsatz von Chemikalien nicht zu bewerkstelligen. So kaufte ich in der Apotheke verschiedene Gesichtsmasken, die ich fortan während meiner Arbeit trug. Trotzdem hustete ich den ganzen Tag und kam, von den täglichen Anstrengungen deutlich erschöpft, selbst in den Nachtstunden durch diese allergischen Reaktionen nicht in den Schlaf. Dann saß ich oft Stunden auf meinem Bett, kühlte meine brennenden und verschwollenen Augen, bis mich die frühe Morgenstunde zu neuer Arbeit antrieb.

Es dauerte nicht lange und mein Husten hatte sich mit seinem größeren Bruder, dem Asthma, verbündet. Schnell nahmen die Anfälle an Häufigkeit und Intensität zu, sodass meine Atemnot nun keinem mehr verborgen blieb. *Mehri* und die Kinder begannen sich allmählich an meinen neuen Gesundheitszustand zu gewöhnen, obwohl die Lautstärke der Anfälle jetzt nicht nur meine, sondern auch ihre Nachtruhe störte. Nachdem die Festtage verstrichen waren, suchte ich in der Stadt einen namhaften Spezialisten für Lungenerkrankungen auf. Dieser beschwor mich nach einer eingehenden Untersuchung unverzüglich meinen Beruf aufzugeben, wollte ich mein Leiden nicht chronisch werden lassen. Doch wie sollte dies angesichts der für Frauen äußerst ungünstigen Verhältnisse auf dem hiesigen Arbeitsmarkt geschehen? Dagegen ging mein jetziges Geschäft gut, auch wenn es mir beträchtliche finanzielle Verpflichtungen auferlegte. Trotzdem war ich das allererste Mal in meinem Leben von niemandem wirklich wirtschaftlich abhängig, und damit verband sich für mich ein schwer und hart erarbeitetes Selbstwertgefühl, das ich nicht so schnell wieder verlieren wollte. Bei alledem hatte ich mir und meinen Söhnen durch überdurchschnittliche Einkünfte einen Lebensstandard geschaffen, den ich durch keine andere Beschäftigung halten konnte.

All dies waren gewichtige Gedanken, die mir auf meiner Fahrt vom Arzt nach Hause durch den Kopf gingen. Doch so sehr ich auch grübelte, es wollte mir keine verträgliche Lösung für mein gesundheitliches Problem einfallen. Von einem heftigen Kopfschmerz befallen, suchte mich wieder der Husten heim. Diesmal in einer Intensität, die es mir kaum erlaubte, mein Fahrzeug sicher durch den regen Straßenverkehr zu führen. Hastig kurbelte ich die Fensterscheibe der Fahrertür herunter. Augenblicklich drang frischer Fahrtwind in das Wageninnere ein. Doch es half nichts. Unwirsch parkte ich das Auto am Rande der Straße und stieg nach Atem ringend aus, um mir schnell mit einem Aerosolspray Linderung zu verschaffen.

Derartige Situationen waren jetzt für mich an der Tagesordnung. Nur durch das Spray gelang es mir, mich vor dem Ersticken zu bewahren, und mein Ärger über die mittlerweile erreichte Ausprägung dieser Erkrankung erhöhte nur noch ihren Grad. Ich war völlig verzweifelt, kaufte mir jeden Tag eine andere Maske. Doch gab es kein Modell, das mich wirklich wirksam schützte. Meine Lunge war inzwischen derart empfindlich geworden, dass sogar die leichteste Wolke eines Haarsprays meine Atemwege reizte. War ich wirklich *Shahram*s Gefängnis so weit entronnen, mich jetzt in dem Kerker meines eigenen Körpers martern zu lassen?

Zwischenzeitlich standen uns die Monate *Moharam* und *Saffer* bevor. Dies ist die Zeit, in der die Menschen um den dritten *Imam*, einen Nachkommen Mohammeds, trauern. Und da niemand feiert, braucht auch niemand einen Friseur. Ich hatte meinen Laden zu schließen und konnte mich seit langem wieder einmal ausruhen. Wie erstaunt war ich, als ich bereits eine Woche nach Einstellung des Geschäftes eine deutliche Besserung meiner Allergie feststellte. Plötzlich konnte ich wieder mit Appetit essen und fühlte mich ohne Beschwerden. Doch mischte sich in diese unerwartete Freude auch eine große Angst vor der Zukunft. Deutlich wurde mir vor Augen geführt, was ich zum Wohle meiner Gesundheit zu unternehmen hatte und doch nicht konnte. Der in sich geschlossene Raum des Irans, der Boden meiner Heimat, begrenzte meine beruflichen Möglichkeiten entschieden und trieb mich mit seinen Verboten wieder in jene Hände zurück, denen ich mich gerade selbstbewusst zu entziehen begonnen hatte.

Es ist für mich ein unglückseliger Freitag, an dem *Shahram* wieder zu mir zurückkehrt. Ich bin gerade mit unerledigten Arbeiten im Haushalt beschäftigt, während Ali und Reza eine Freundin von mir besuchen. Der Gedanke, dem Vater meiner Söhne im Haus allein zu begegnen, lässt unwillkürlich ein Gefühl der Beklemmung in mir aufsteigen. Unsicher und verkrampft versuche ich ihn zu ignorieren, indem ich mich mit gespielter Konzentration meiner Beschäftigung hingebe. Die Gerüche der Küche lassen keinen Zweifel daran, dass sich *Shahram* bereits mit den Vorbereitungen für das Rauchen von Opium befasst. Plötzlich tritt er in betont lässiger Geste auf mich zu und nennt mich beim Namen meines Friseursalons. »Hör mal, Frau *Golbaran*! Wenn du willst, kannst du dich wieder scheiden lassen. Allerdings unter zwei Bedingungen. Erstens, du zahlst mich mit einem Teil deines bisherigen Gewinns aus. Zweitens, du versprichst mir, nie wieder zu heiraten. Als Gegenleistung lasse ich dir die Kinder. Was sagst du dazu?« Oh Gott, was für ein schmutziges Tier er doch war. Wie lange wollte er noch wegen der Kinder mit mir schachern und mich erpressen? Was für ein Schicksal war das? Sofort begreife ich, dass *Shahram* sich wieder einmal verliebt hat und das

Geld benötigt, um sich seiner neuen Beute zu nähern. Meine Scheidung ist für ihn lediglich eine Geldquelle. »Welch einen moralischen Stellenwert besitzt für diesen Menschen eigentlich die Institution der Ehe?«, frage ich mich. Und, warum muss ausgerechnet eine mir fremde Frau mein eigenes Leid erhöhen? Sicher, ihr kann sich der wahre Charakter dieses Mannes bislang noch nicht erschlossen haben. Dafür aber ist es mir jetzt beschieden, das künftige Elend dieser Unbekannten mit meinem Geld einzuleiten. *Shahram* ist wieder in die Küche an den Gasherd zurückgekehrt und ich atme bereits den süßlichen Geruch des Rausches. Selber stelle ich mich in den Türrahmen und betrachte ihn, als hätte er sich im Laufe der Jahre keine Minute von diesem verfluchten Gasherd fortbewegt. *Shahram*, du hast mein Leben Teilchen für Teilchen aufgeraucht, drängt es in mein Bewusstsein. Ein Leben, das noch keine dreißig Jahre alt ist und von dem doch bereits sechszehn durch qualvolle Ängste, Züchtigungen und Erniedrigung verbraucht sind. Ich fühle mich alt.

Schon wieder beginne ich zu husten, spüre meine akute Atemnot. Auf der Suche nach meiner Spraydose betrete ich das Schlafzimmer. Plötzlich umklammert mein Blick das Bild im Spiegel auf der Kommode. Augenblicklich bin ich auf der Suche nach meiner Persönlichkeit, die vor Jahren in der Tiefe eines Spiegels verloren ging. Ich will die letzten sechzehn Jahre meines Lebens zurück, fordert plötzlich in mir eine rebellierende Stimme. Ich will jenes Mädchen wiedersehen, das sich einst mit Charme vor diesem Spiegel drehte, ertrage nicht das Antlitz hier von der alten, traurigen Frau. Wie von selbst müht sich meine Hand, das Porträt des Schmerzes aus dem Rahmen zu wischen, zwingt sich zu immer hektischeren Bewegungen. Doch es gelingt ihr nicht. Höhnisch und provozierend schaut mich das Wesen im Spiegel aus seinen unterhöhlten Augen an. Ich muss dieses Gesicht schlagen. Kräftig holt die Hand aus. Plötzlich höre ich ein klirrendes Geräusch und trete instinktiv ein paar Schritte zurück. Zersprungen in tausend Stücke liegt die traurige Frau verstreut auf dem Boden. Angelockt vom Lärm steht plötzlich *Shahram* hinter mir. »Bist du verrückt geworden? Warum hast du den Spiegel zerbrochen?«, schreit er hinter meinem Rücken. Das Blut an meinen Händen sieht er nicht. Und ich denke: »Oh, was für eine bemerkenswerte Reaktion. Ich muss also erst etwas Verrücktes tun, damit mich mein Mann wahrnimmt und sich von seinem Herd entfernt.« Und ich spüre ein verzerrtes Lächeln auf dem Gesicht der traurigen Frau.

Langsam wende ich mich der von Drogen verzerrten Fratze zu, blicke danach auf mein zersprungenes Wesen, das hier gerade eben zu Boden gegangen ist, und räume wortlos die Scherben weg. Ich denke an *Amir*, der jetzt irgendwo in Bukarest weilt und von allem nichts ahnt, weil er meine Taube mit einem zerbrochenen Herzen ist, die im Ausland ihre Zuflucht nimmt. Warum darf nicht ich sein Fluchtpunkt sein? Jetzt, in diesem Moment.

In dieser Nacht stechen unbekannte Kräfte mit tausend Nadeln auf meine Füße ein. Unruhig wälze ich mich im Bett von einer Seite auf die andere. Ich kann nicht schlafen, denn in meinem Kopf tosen die Gedanken in ihren unterschiedlichsten Bildern wie auf einer imaginären Kinoleinwand. *Shahram*s Gesicht mit seinen geschwollenen Augen und diesem höhnischen Lachen quält mich. Ich muss aufstehen, gehe in die Küche, um mir einen Tee aufzubrühen, setze mich auf einen Stuhl und rauche eine Zigarette. Während ich auf das Kochen des Wassers warte, steht plötzlich *Mehri* in der Tür und starrt mich aus verschlafenen Augen an. Ich frage:»Was ist los? Warum schläfst du nicht? Hier gibt es nichts, was für dich neu wäre.« Meine Schwester antwortet mir ebenfalls mit einer Frage:»Wie lange willst du eigentlich noch die Heldin spielen, *Roja*, wie viele Jahre noch diesen Parasiten mit dir herumschleppen? Du weißt nicht, wie lange du noch jung bleibst. Was machst du, wenn du alt geworden bist? Hast du darüber schon einmal nachgedacht?«»Meine liebe *Mehri*, wegen der Kinder bin ich außerstande, irgendetwas zu tun. Sobald ich mich beschwere, nimmt mir *Shahram Ali* und *Reza* wieder weg, und du weißt doch, dass ich die Ferne meiner Kinder nicht ertrage.«»Aber irgendwann wird man alt, *Roja*. Mit deiner zerstörten Lunge wirst du das Geschäft ohnehin nicht mehr lange führen können. Dann ist es sowieso aus mit dem Geld für diesen Erpresser. Jeder von uns wird einmal alt, aber darüber dürfen wir nicht vergessen, aus welchem Grund wir alt geworden sind. Ob aus Sinn oder Unsinn!« Ich blicke in die fahl erleuchtete Gesichtshälfte meiner Schwester, während sie das Fenster öffnet. Eine saubere und kühle Nachtluft belebt meine Sinne und ich bin überrascht, aus dem Munde meiner kleinen *Mehri* so weise Worte zu vernehmen.»Meine liebe Schwester, ich bin müde, erschöpft von den Belastungen des Alltags. Die Hausarbeiten, die Verantwortung für die Kinder, der Frisiersalon, gesellschaftliche Schwierigkeiten einer erfolgreichen, aber misstrauisch beäugten Geschäftsfrau, dann das ständige Fehlverhalten *Shahrams*, all das geht über meine Kräfte und macht mich krank. *Mehri*, ich bin gekränkt und möchte am liebsten in einen tiefen, endlosen Schlaf fallen. Doch ich kann nicht schlafen. Und wenn es mir doch einmal gelingt, dann setzt sich das Schreckliche des Tages in meinen Albträumen fort. Hoffentlich lässt mich *Shahram* bald in Ruhe!« Meine Schwester weiß darauf nichts zu erwidern und geht in ihr Bett. Im Hintergrund höre ich leise ihre resignierende Stimme: »Ich weiß nicht, wie all das enden wird. Ich weiß es wirklich nicht.«»Meine arme Schwester«, denke ich. »Auf irgendeine Weise ist sie auch meine Gefangene geworden, und meine Probleme lassen ihr keine Freiräume, ihr eigenes Leben zu leben, geschweige denn, eigene Zukunftspläne zu schmieden.« Über uns hatte sich *Mehri* selbst vergessen.

Die schmerzvollen Tage nahmen ihren weiteren Lauf, ohne dass eine Veränderung meiner Situation in Sicht kam. Inzwischen ähnelte ich einer Maschine, die ihre vielfältigsten Pflichten nach einem strikt vorgegebenen Programm erfüllte. Weiterhin stand ich in der vergifteten Luft meines Geschäftes und spürte, wie mir die Kräfte meines Körpers von Tag zu Tag schwanden. Eines Abends, ich hatte gerade den Salon abgesperrt, entschloss ich mich, den Heimweg zu Fuß zu nehmen. Die Fontäne des Springbrunnens im Kreisverkehr gegenüber meinem Geschäft spritzte mir im Vorübergehen übermütig ihr Wasser ins Gesicht. Ein paar Kinder jagten davor auf dem Rasen ausgelassen einem Luftballon nach. Ich betrachte voller Wehmut die Szenerie und dachte, wie schön doch das Leben sein kann, wenn ihm durch kleine alltägliche Ereignisse der Glanz des Besonderen verliehen wird. Als ich mein Haus erreichte, kam mir aufgeregt eine meiner Freundinnen entgegen, die dort auf mich gewartet hatte. Ich vermutete richtig. Mina war wieder einmal nach einem Streit mit ihrem Ehemann geflüchtet und hatte keinen anderen Ort der Zuflucht gekannt als meine Wohnung. Augenblicklich dachte ich, wie verrückt die Welt doch sei. Ich, der ich selber keinen Hort des Friedens besaß, wurde zum Asyl von Frauen vergleichbarer

Schicksale. Minas Dasein war ebenso grauenvoll wie das meine. Daran bestand kein Zweifel. Jeden Tag hatte sie Streit mit ihrem Mann, wurde von ihm beschimpft und körperlich misshandelt. Nur die Bindung an ihre Kinder ließ sie alles aushalten. Wie sich doch die Bilder glichen.

So kam es, dass im Laufe der Zeit meine Wohnung zur Zufluchtsstätte vieler geschundener Frauen unserer Stadt wurde. Darin lag durchaus ein tieferer Sinn. Frauen, die sich auf der Flucht vor ihren Ehemännern befanden oder von diesen verjagt wurden, blieben auf der Straße, ohne Hoffnung auf eine andere Unterkunft. Wir befanden uns tatsächlich in einer sonderbaren Zeit. Kein Hotel war befugt, einer allein reisenden Person weiblichen Geschlechts ein Zimmer zu vermieten. Generell war für sie eine Zimmervermittlung verboten. Ausnahmen waren nur mit ausdrücklicher Genehmigung des örtlichen Komitees möglich. Ich selber war bereits in der Vergangenheit in äußerste Verlegenheit geraten, als ich mich auf einer Durchreise in Teheran befand und nicht in der Lage war, eine familiäre Unterkunft aufzusuchen. Erst die Vorlage meines Flugscheines bei der örtlichen Behörde erbrachte die genannte Genehmigung und danach ein Zimmer zur Übernachtung. Doch da waren die Nachtstunden bereits so weit vorangeschritten, dass mir gerade noch ausreichend Zeit für ein Bad und das Wechseln meiner Kleidung verblieb. Und ich fragte mich voller Zorn, wie viele Frauen wohl in dieser Nacht verzweifelt in den Straßen herumgeirrt sein mochten.

Mina war die Erste gewesen, die vor meiner Tür stand. Sie vorübergehend bei mir aufzunehmen war möglich, weil *Shahram* gerade nicht anwesend war. So lud ich sie in dem

Bewusstsein ein, dass es ab heute für mich einen weiteren Grund geben würde, die Präsenz meines Mannes zu fürchten. Trotzdem folgten Mina in den kommenden Monaten weitere Freundinnen nach und ich war bemüht, ihnen gerade in ihrem Schmerz das Gefühl eines willkommenen Gastes zu geben.

Es ist Mitternacht. Immer noch habe ich keinen Schlaf in meinen Augen, stehe wieder einmal auf und begebe mich in die Vertrautheit der Küche. Überrascht bin ich, in diesem Moment *Shahram* zu erblicken. Bequem lehnt mein Mann am Gasherd und ergibt sich in einer Selbstverständlichkeit seiner Lieblingsbeschäftigung, als gehöre ihm diese Wohnung hier und ich sei sein Gast. Unwillkürlich muss ich an die Frauen denken, die auch in dieser Nacht wieder schutzlos durch die Straßen der Stadt irren, weil sie es zu Hause nicht ausgehalten haben oder vertrieben wurden. Als Mann konnte man eine Frau vor die Tür setzen wie einen räudigen Hund, ohne sich in seinen eigenen Freiheiten zu beschränken. Mir ist völlig die Kraft zum Sprechen entzogen. Was macht das schon? Ich habe nichts mehr zu sagen, eher zu fragen. Fragen will ich diesen Mann hier, warum er mich nicht endlich in Ruhe lässt. Warum er immer wieder in mein Leben tritt mit der Absicht, mich zu beherrschen. Warum ist er der Vater meiner Kinder geworden? Und ich frage mich selber, wie es geschehen konnte, dass ein derartiges Tier teilnimmt an meinem Leben und mein Wesen und meinen Körper vergewaltigt. All dies sind Fragen, die sich in den Jahren meiner Ehe angehäuft haben, ohne dass sich für sie Antworten finden lassen, und ich bitte Gott eindringlich, mir einen Weg aus diesem Desaster zu zeigen.

Entmutigt wende ich mich um und wechsele den Raum. Dem Spiegelschrank des Badezimmers entnehme ich zwei Schlaftabletten und kehre mit einem Glas Wasser in mein Bett zurück. Nichts hat mehr eine Bedeutung für mich. Offenbar kann mich nichts mehr aus der Sklaverei dieses unverschämten Menschen befreien. Und doch muss ich etwas unternehmen, will ich nicht untergehen. Aber was? Keine Gerichtsbarkeit wird meine eingereichte Beschwerde zu meinen Gunsten würdigen? Mein Gott, ich spüre, wie mich eine unbekannte Krankheit beschleicht und meine Seele verwüstet. Dienen die vielen unbeantworteten Fragen nur dazu, mich auf meinen künftigen Aufenthalt in der Nervenklinik vorzubereiten?

Shahram hatte mir anfallsweise den Atem zum Leben genommen, und meine bisherigen vergeblichen Fluchtversuche in eine gerechtere Welt mussten mich kurzatmig werden lassen. Anfallsweise Atemnot und Kurzatmigkeit: Waren nicht das die Begriffe, hinter denen sich das Asthma verbarg? Längst hatte mein Körper zu sprechen begonnen und ich hatte es nicht bemerkt.

Kapitel 22

Vom Wert der Geschlechter

Können wir eine Situation, die dazu führt, uns das Leben zu erleichtern, gleichzeitig als belastend empfinden? Wir können. Ich weiß es seit jenem Vormittag im Sommer dieses ereignisreichen Jahres, als *Shahram* anrief, um mir mitzuteilen, dass er einen Notar aufgetrieben hätte, der befugt sei, sowohl Ehen zu schließen als auch aufzulösen. Also war es tatsächlich wieder so weit. Nachdem ich mir Namen, Ort und Uhrzeit für den vereinbarten Termin notiert hatte, unterbrach ich meine Arbeit, steckte meine Geburtsurkunde in die Handtasche und begab mich zum beschriebenen Treffpunkt. Während der Autofahrt suchten mich die widersprüchlichsten Gefühle heim. Erleichterung, endlich eine schändliche Abhängigkeit abstreifen zu können, verstärkte meine grenzenlose Freude, als geschiedene Frau künftig mit *Amir* weit weniger gefahrvollen Umgang pflegen zu können. Zugleich nistete aber auch eine Ahnung in mir, die mir einflüsterte, dass es unmöglich sei, mich dauerhaft von dem Vater meiner Söhne zu befreien. Zu eng hatte *Shahram* sein Schicksal mit meinem eigenen verknüpft und damit seinen Eigennutz genährt.

Minuten später stieg ich mit klopfendem Herzen und zittrigen Knien die Treppe zur Anwaltskanzlei empor. Die unausweichliche Begegnung mit meinem Mann ließ in mir eine beträchtliche Angst aufsteigen. Kaum hatte er mich erblickt, stürzte er auch schon auf mich zu: »Du hast hoffentlich unsere Abmachung nicht vergessen und ausreichend Geld dabei?« »Ich habe mich an deine Abmachung gehalten«, entgegnete ich mit einer Schärfe, die ihm bewusst machen sollte, welchen Grad von Achtung ich für ihn noch besaß. *Shahram* wandte sich daraufhin von mir ab, um mit dem Notar in einen Wechsel zwanglos und unverbindlich geführter Worte einzutreten, als ginge es ihm gerade um den Verkauf einer Kuh oder eines Schafes. Dabei wurde er von diesem fast ebenso beiläufig über seine Beweggründe befragt, die in ihm den Wunsch nach einer Scheidung hervorgerufen hatten. Innerlich aufs Äußerste erregt verfolgte ich hier ein Gespräch, an dem meine Beteiligung offenbar für überflüssig gehalten wurde. Lapidar erklärte mein Mann, dass wir uns einfach nicht mehr verstünden. »Das passiert uns jetzt schon das zweite Mal«, fügte er hinzu. »Diesmal aber haben wir uns darauf verständigt, es ohne Gericht zu machen.« Ohne weitere Hintergründe zu erfragen, begann daraufhin der Notar mit der Ausfertigung seiner Dokumente und ich dachte mir: »Offenbar wird in meiner Gesellschaft die Frau als Mensch übersehen. Wer bitte erklärt dies meinem Verstand?« Erstaunlich, für die Abwicklung aller Formalitäten war keine halbe Stunde nötig. Schon hatten wir unsere Unterschriften auf die Papiere gesetzt, als der Notar *Shahram* bat, die Gebühr für seine Amtshandlung zu entrichten. Der, stolz und zufrieden, weil wieder einmal eines seiner Machtspiele funktioniert hatte, drehte sich zu mir: »Komm, gib dem Herrn das Geld, das ich vorhin in deiner Handtasche hinterlegte.« Die Forschheit seiner Stimme bewies seinen Glauben, offenbar auch weiterhin über mich bestimmen zu können. Für einen kurzen Augenblick wünschte ich meinem Blick die Beschaffenheit einer zweischneidigen Klinge, um seine erniedrigende Äußerung zu sühnen. Dann zahlte ich wortlos und erhielt dafür ohne nähere Erläuterung eine Urkunde ausgehändigt, die die Auflösung unserer Ehe dokumentierte. Als hätte man mich körperlich gezüchtigt, verließ ich geduckt mit geschundener Seele die Kanzlei. Noch nie zuvor hatte ich mich in meinem bisherigen und an Ereignissen wirklich nicht armen Leben derart wertlos und erniedrigt gefühlt. Es war schwer geworden, nicht die Achtung vor sich selbst zu verlieren.

Ich hatte erst wenige Schritte außerhalb der Büroräume zurückgelegt, als *Shahram* aufgebracht hinter mir herlief: »He, wo ist mein Geld, so wie wir es vereinbart hatten?« Frech und drohend zugleich sahen die Augen meines »Gläubigers« auf mich herab. Ich musste mich an die Wand des Treppenhauses lehnen, fingerte mit zitternden Händen mein Scheckbuch aus der Tasche und übergab ihm das geforderte Zahlungsmittel.

Heute weiß ich nicht mehr, wie und auf welchen Wegen ich meine Wohnung erreichte, weiß nicht mehr, wie lange diese Rückkehr dauerte. Daheim wurde die Wut in mir über das Erlebte von einer Feindseligkeit verdrängt, die sich gegen mich selbst richtete. Ich hasste plötzlich dieses Haus, dessen Wände mich erdrückten. *Shahram*s Gesicht war überall. Ich überlegte. In weniger als einer halben Stunde mussten *Ali* und *Reza* aus der Schule zurück sein. Ich hatte mich um jeden Preis zu beruhigen, wusste aber nicht, auf welche Weise, und griff hilflos zur Zigarettenschachtel. Das Telefon klingelte. Es war *Amir*. Hatte er das Bedrängende meiner Situation in der Fremde gespürt? So sehr ich mich auch freute, gerade in diesem Moment seine Stimme zu hören, war ich doch nicht zu einem Wortwechsel mit ihm bereit. »*Salam Amir*, hallo«, begrüßte ich ihn kurz. »Was ist geschehen?« »Nichts, wirklich nichts. Ich bin nur wieder einmal geschieden worden.« Zitternd unterdrückte ich ein Seufzen, biss mir wütend in den eigenen Handrücken, um sogleich hemmungslos aufzuheulen. Es entstand eine kurze Pause, an deren Ende *Amirs* sanfte Stimme endlich meinen Kummer durchdrang. »Wir sprechen heute Abend miteinander, *Roja*. Beruhige dich erst einmal. Bitte.« Ich nickte und beendete das Gespräch. Jetzt, wo mir *Amirs* Beistand so nah war, fühlte ich mich ein wenig erleichtert und eine vage Hoffnung drängte meine Tränen zurück. Kaum hatte ich den Hörer aufgelegt, klingelte das Telefon erneut. Diesmal war es *Mohammad*, der mir den überraschenden Tod seines Vaters mitteilen wollte. Ein schlechtes Gewissen überfiel mich. Ich hatte in den letzten Tagen viel an meinen Freund gedacht, aber keine Zeit gefunden, ihn anzurufen. Augenblicklich mischte sich in meine eigene Trauer ein Anteil nehmender Schmerz über den Verlust des Verstorbenen. »Ich weiß nicht, was ich jetzt mit meiner Mutter und meiner Schwester anfangen soll. Sie jammern und sind so betrübt, so hilflos und ohne jegliche Orientierung. Ich denke, sie werden einsam werden«, gestand er mir gleichfalls resignierend. Gern hätte ich ihn getröstet, fürchtete aber, in meinem eigenen Schmerz nicht die richtigen Worte zu finden. »Sie sind nicht allein, *Mohammad*«, versuchte ich ihn vorsichtig zu beschwichtigen. »Und auch du bist nicht allein. Wir haben doch uns. Darüber sollten wir uns bei aller Qual freuen und dankbar sein. *Mohammad*, ich bin froh, dass wir uns und unsere Freundschaft haben. Sag, wann findet eigentlich die Trauerfeier statt?« »Morgen.« »Was, morgen schon? Heute Abend ruft mich *Amir* an. Vermutlich wird er mir mitteilen, dass er morgen zurückkommt. Dann muss ich nach *Mashad* fahren. Ich werde aber versuchen, auf der Wegstrecke kurz bei euch vorbeizuschauen. Brauchst du irgendetwas, dass ich dir mitbringen könnte?« »Nein danke. Es reicht schon, wenn ich dich morgen sehen kann.

Das allein wird mir gut tun.« Wir legten beide den Hörer auf und ich versuchte über den Sinn nachzudenken, der über den turbulenten Geschehnissen der letzten Stunden lag.

Um neun Uhr des folgenden Tages erreichte ich *Mohammad*, vor dessen Haus sich bereits eine stattliche Zahl klagender Trauergäste eingefunden hatte. Mein Blick suchte den Freund, der sich auf mein Hupen hin zu mir umdrehte und sich aus der Menge löste. Ich stieg aus und ging auf ihn zu. Unsere freundschaftlichen, von gegenseitiger Anteilnahme geprägten Blicke ließen uns für einen kurzen Moment schweigen. »Ich habe leider nicht viel Zeit, um deiner Mutter mein Beileid auszusprechen«, entschuldigte ich mich. »Bitte, leg bei ihr ein gutes Wort für mich ein. Ich muss los, denn ich will so spät nicht mehr auf der Landstraße sein. Das verstehst du doch?« Schnell drückte ich ihm einen Briefumschlag in die Hand. Mein Freund und seine Familie würden in dieser Situation zusätzliches Geld dringend nötig haben. Dann verabschiedete ich mich mit einem flüchtigem Gruß und setzte meine Fahrt nach *Mashad* fort. Der Gedanke, in diesem Moment mein eigenes ersehntes Glück über das Leid der Mutter *Mohammads* gestellt zu haben, kam mir nicht. Zu sehr freute ich mich auf den einzigen Menschen, der mir neben meinen Söhnen wirklich etwas bedeutete.

Es war kurz vor Mitternacht, als ich *Amir*s Haus erreichte. Scheu blickte ich in der Dunkelheit um mich, entriegelte lautlos die Haustür und huschte heimlich in das Innere des Gebäudes. Wie jedes Mal, so beschlich mich auch heute ein unangenehmes Gefühl, so, als würde ich etwas Verbotenes tun. Augenblicklich horchte ich in die Stille der Räume hinein. *Amir* war offenbar noch nicht eingetroffen. Das verwunderte mich. Hatte sein Flug Verspätung gehabt? Der Anrufbeantworter hielt keine Nachricht für mich bereit. Von der langen Autofahrt ermüdet, schaltete ich das Radio ein und ging in die Küche, um mir einen Tee zuzubereiten. Die Begegnung mit *Mohammad* beschäftigte mich immer noch und ich machte mir ernsthafte Sorgen um die Zukunft seiner Familie. Langsamer als sonst nahm ich in den Räumen jene vertraute Atmosphäre in mir auf, die mir stets auf so wunderbar eindringliche Weise das Gespür für die Nähe *Amir*s vermittelte. Der Gedanke an ihn weckte eine angenehme Empfindung, die sich wohlig unter meiner Haut auszubreiten begann. Ungeduldig wartete ich auf seine Ankunft. Ich hatte mir gerade eine Zigarette angezündet, als das Telefon läutete. Erschrocken sprang ich von meinem Sitz auf und nahm den Hörer ab. Es war *Amir*. Das Müde und Brüchige seiner Stimme beunruhigte mich augenblicklich und in einen plötzlichen Hustenanfall hinein fragte ich schnell: »Wo bist du denn, *Amir*?«»Ich bin immer noch in Bukarest, *Roja*. Unglücklicherweise habe ich meinen Flug verpasst und hatte bislang keine Gelegenheit, dich anzurufen.«»Und wann glaubst du kommen zu können?«, fragte ich ungeduldig.»Ich glaube nicht, dass ich noch in dieser Woche reisen kann.« Ich spürte, dass irgendetwas nicht stimmte, fühlte einen Kummer, der auf ihm lastete. Dennoch wollte ich ihn nicht mit weiteren Fragen bedrängen und versuchte mich in der Formulierung tröstender Worte: »Da kann man wohl nichts machen. Sei nicht traurig. Ich schlafe jetzt ein paar Stunden im Haus und fahre dann heim. Schlaf auch du. Morgen Abend telefonieren wir noch einmal miteinander. Ich liebe dich.« Selber von der Entwicklung der Dinge enttäuscht, legte ich den Hörer auf die Gabel. Was um alles in der Welt war *Amir* widerfahren?

Trotz meiner Übermüdung fand ich nicht in den Schlaf. Zu viele Gedanken über die Geschehnisse der letzten Tage gingen mir durch den Kopf. Hinzu kam die für mich ungewöhnliche Situation, zum ersten Mal in diesem Hause wirklich allein zu sein. Gut, dass du einen eigenen Schlüssel besitzt, dachte ich bei mir. Anderenfalls hättest du jetzt vor einer verschlossenen Tür gestanden. Das war mir schon einmal passiert. Damals, an jenem Abend, als ich mich am gleichen Ort mit *Amir* verabredet hatte und er ebenso wie heute verhindert war. Stundenlang wartete ich vergeblich bis in die späten Abendstunden hinein in meinem Auto auf seine Ankunft. Als er nicht kam, wollte ich die Rückfahrt antreten, was misslang, weil mein Auto plötzlich nicht mehr ansprang. Was sollte ich tun? Sich um diese Zeit als Fremde in den Straßen zu zeigen war nahezu undenkbar. Die Nacht in der Kälte des Fahrzeuges zuzubringen war ebenso unmöglich. In meiner Verzweiflung zog ich das Kopftuch noch tiefer in mein Gesicht und hastete im Schutz der Dunkelheit durch das Viertel, hoffend, auf eine vertraute Person zu stoßen, die mich aus meiner misslichen Lage befreien könnte. Und tatsächlich hatte ich Glück. Bereits zwei Querstraßen weiter stieß ich mit einem weitläufig bekannten Ehepaar zusammen, das sich wunderte, mich hier allein zu dieser Zeit anzutreffen. Nachdem ich ihnen aber erklärt hatte, dass ich infolge eines Defektes an meinem Auto gezwungen gewesen war, meine Reise in ihrer Stadt zu unterbrechen, folgten sie mir bereitwillig zu meinem Fahrzeug, konnten es aber ebenso wenig wie ich in Gang bringen. Ich war verzweifelt und den Tränen nahe. Für *Ali* war es selbstverständlich, dass ich ihnen in ihre Wohnung folgte, um dort die Nacht zu verbringen. Am kommenden Morgen dann wollten sie mit mir gemeinsam eine Werkstatt aufsuchen. Erleichtert und dankbar folgte ich den beiden. Angekommen in ihrem Heim, bereitete mir *Parwin* mit flinken Händen im Wohnzimmer aus einer Vielzahl von Kissen ein liebevoll improvisiertes Lager für die Nacht. Nachdem sich beide zurückgezogen hatten, legte ich mich erschöpft nieder und überließ mich meinen Gedanken. Warum war *Amir* nicht gekommen? Konnte ihm etwas zugestoßen sein? In welche Sorge würde er selber verfallen, wenn er bei seiner Ankunft nicht mich, dafür aber mein geparktes Auto vor seinem Haus erblickte? Über all diesen Fragen fand ich keinen Schlaf. Plötzlich hörte ich ein leises Geräusch auf der Treppe. Instinktiv kroch ich unter die mir überlassene Decke und schloss zum Schein eines friedlichen Schlafes meine Augen. Mit klopfendem Herzen vernahm ich, wie jemand vorsichtig den Raum durchschritt und vor meinem Bett stehen blieb. Ich selber wagte mich nicht zu bewegen. Es verging wohl mehr als eine halbe Minute, in der ich fühlte, wie ein intensiver Blick auf mir ruhte. Plötzlich kam ein heißer Atem über mich und ich musste die Luft anhalten. Gleichzeitig war ein neuerliches Geräusch auf dem oberen Treppenabsatz zu hören und die Stimme *Parwins* rief in den Wohnraum hinunter. Augenblicklich löste sich der fremde Atem über mir und ich begann wieder nach Luft zu ringen. Doch obwohl sich die Schritte bereits von mir entfernten, wagte ich nicht meine Augen zu öffnen.

Am nächsten Morgen beeilte ich mich, das Haus zu verlassen. Kühl fielen die Abschiedsworte meiner Gastgeberin aus, ebenso die meines Dankes. Erleichtert, wieder den Boden der Straße unter meinen Füßen zu haben, eilte ich zu meinem Auto, an dem sich bereits *Amir* erfolgreich zu schaffen machte. Er war wegen meiner Abwesenheit in große Sorge geraten, und hätten wir zwei uns nicht auf offener Straße gegenübergestanden, wir wären uns sicherlich überglücklich in die Arme gefallen. So aber lachten wir uns beide nur schweigend an, und jeder von uns sah in den Augen des anderen Tränen der Erleichterung.

An eben diese Episode musste ich jetzt denken, an den fragwürdigen Freund von damals, auch an *Amir*, an *Mohammad*, meinen kranken Vater, an den Notar, an *Shahram*. Und ich begriff plötzlich, in welch unterschiedlicher Weise meine Welt vom allgemeinen Wesen der Männer geprägt wurde. Verschleiert war ich durch dieses Viertel hier gelaufen und doch zum Spielball einer unbekannten Begierde geworden. Ich stellte mir die Frage, warum und für wen mussten eigentlich die Frauen ihren Kopf verhüllen? Wenn es darum ging, Frauen davor zu schützen, in den Männern Fleischeslust zu erwecken, dann handelte es sich hier nicht um eine Angelegenheit der Frauen, sondern der Männer. Ich musste unwillkürlich lächeln. Eigentlich hatte das »starke Geschlecht« eine Verschleierung nötig, um seine Augen vor der eigenen Fantasie zu schützen. War es nicht so, dass der lüsterne Blick der Männer mit dem Grad der weiblichen Verhüllung zunahm? Ich hatte Familien erlebt, in denen ein großzügiger Umgang mit dem Schleier männlichen Blicken das Faunische nahm.

Männer, so resümierte ich, dürfen sich in meiner Gesellschaft alles erlauben. Sie nehmen sich eine zweite oder gar dritte Frau. Sie dürfen Ehebruch begehen, können drogenabhängig sein, ihre eigene Frau vergewaltigen, misshandeln, sich aus egoistischen Motiven ihrer familiären Verantwortung entziehen. Männer haben unumschränkte Macht über Frauen, die aber dürfen nur eines: gehorchen. Was war das nur für eine Beziehung zwischen den Geschlechtern, die das Wort Partnerschaft derart verhöhnte.

Ich hatte es aufgegeben, doch noch in den Schlaf zu finden. Das matte Grau des frühen Morgens schob sich bereits durch die Fenster. Ich stand auf, wusch mich und fuhr zurück zu meinen Kindern. Die Nähe *Amirs* nahm ich mit.

Kapitel 23

In Gottes Namen

Es ist schon spät am Abend, als ich nach Hause komme. Die Kinder schlafen bereits und *Mehri* geht ihrer Nachtschicht im Krankenhaus nach. Die Leere in meiner Wohnung ist für mich zum Greifen nah und ich fühle, dass dieses Nichts hier anders ist als das im Haus von *Amir*. Darüber noch in Gedanken, mache ich es mir in einer Ecke des Wohnzimmers gemütlich. Heute einmal ohne Zigaretten, denke ich, die meiner Gesundheit ohnehin nur schaden, obwohl sich mein Husten in den letzten Wochen durch die Einnahme von Medikamenten erheblich gebessert hat. Um ein wenig Ruhe zu finden, schalte ich das Licht aus. Aus der Stereoanlage klingen *Banans* traurige Gesänge, die meiner Stimmung gut tun, und das matte Licht der Gaslaterne vor dem Haus verleiht dem Mobiliar derart verschwommene Schemen, dass sie gleich von meiner schläfrigen Phantasie aufgegriffen werden. Die Augenlider werden mir schwer. Wie lange dieser wohlige Zustand zwischen Traum und Wirklichkeit anhält, weiß ich nicht. Plötzlich schrecke ich auf. Eine für diese Stunde unübliche Unruhe steigt von der Straße zu mir herauf. Ich höre ein deutliches Geschrei aufgeregter Stimmen, die wahllos durcheinander rufen. Müde erhebe ich mich, um aus dem Fenster zu schauen. Vor dem gegenüberliegenden Gebäude haben sich zahllose Menschen eingefunden, in deren Mitte sich das Licht der Scheinwerfer eines Fahrzeuges vom Komitee ergießt. Augenblicklich schnellt mein Puls in die Höhe.

Neugierig öffne ich lautlos das Fenster. Bloß einen Spalt, denke ich, nur so viel, dass ich hören kann, ohne gesehen zu werden. Schon vernehme ich die ersten erregten Stimmen:»Was ist denn da los?«»Warum hat man überhaupt den Weg gesperrt?«»So gehen Sie doch endlich zur Seite, hier gibt es nichts zu sehen!« Während einige Mitarbeiter des Komitees das Haus der mir gegenüber wohnenden Nachbarn verlassen, sagt eine Frau:»Vielleicht ist er ja über das Dach abgehauen.« Erst jetzt erahne ich, was hier geschieht. Offenbar ist eine der da drüben lebenden Frauen, über deren Lebensverhältnisse ich vage und vertraulich informiert bin, von einer Mitbewohnerin angezeigt worden. Verraten wegen privater Lebensumstände, die meinen und *Amir*s so sehr ähneln. Panischer Schrecken erfasst mich. Offenbar hat die Sittenwacht die Wohnung der Denunzierten schon durchsucht, aber niemanden gefunden. Plötzlich ertönt neuerliches Geschrei:»Kommen Sie, kommen Sie. Vom Dach ist er gesprungen. Na los doch, kommen Sie.«

In aller Eile greife ich zu Mantel und Kopftuch. Schon bin ich auf der Treppe, laufe wie von mechanischen Fäden gezogen mit all den Menschen um mich herum hinter das genannte Gebäude. Atemlos biegen wir um die Ecke. Verletzt und von Schmerz gekrümmt, liegt vor uns auf dem Boden ein Mann, ein jemand, der sich fortbewegen will, nein, eigentlich fortbewegen *müsste*, der es aber nicht kann. Umringt von einer plötzlich erstarrten Schar aufgebrachter Personen sehe ich für einen Augenblick in dem Gesicht des Verfolgten das Antlitz von *Amir* und ein Schrecken unerhörten Ausmaßes durchfährt mich. Schlagartig wird mir bewusst, was für ein Glück und welch göttliche Gnade meinem Geliebten und mir bislang widerfahren sind.

Direkt vor unseren Augen wird der Verletzte von den Männern des Komitees unter seinen Schmerzensschreien emporgehoben. Und während sie ihn mit eindringlichen Fragen bestürmen, setzen sie den Mann in ihr Auto, das sich sogleich in hohem Tempo aus unserem Kreis der jetzt endgültig Sprachlosen entfernt. In unseren Köpfen summiert sich die Frage: Wohin werden sie ihn wohl bringen?

Die Nachbarin ist eine Kundin von mir. Deshalb weiß ich aus ihren dezenten Andeutungen von nicht geringen Ehekonflikten. Erst viel später wird man mir zutragen, dass der junge Mann dieses schrecklichen Abends ihre Bestimmung gewesen ist, die sich nicht erfüllen konnte, weil ihre Eltern eigene Ziele mit ihr verfolgten. Ich begreife, dass ich in meinem Leid nicht allein bin. Tröstend ist dieser Gedanke allerdings nicht.

Deutlich nehme ich meinen eigenen Atem wahr. Von der Nachbarin fehlt zu meiner Erleichterung jegliche Spur. Dafür habe ich erneut jenen verletzten *Amir* vor Augen, den man brutal in das Auto des Komitees gezerrt und mitgenommen hat. Aus Angst, man könne in meinem Gesicht verbotene Gedanken lesen, wende ich den Anwesenden abrupt meinen Rücken zu, entferne mich erst langsam, um Augenblicke später in fliehendem Schritt die schützenden Räume meiner Wohnung zu erreichen. Erst als die Tür hinter mir ins Schloss fällt, komme ich wieder zur Ruhe.

Meine Gedanken an jene verfolgte Frau gehen mir nicht mehr aus dem Kopf. Schlagartig habe ich ihr blasses Gesicht vor Augen. Spontan erinnere ich mich an einen Tag, an dem ich ihr in meinem Frisiersalon nach der gelegten Frisur noch die Augenbrauen zupfte. Um ihr Gesicht besser erkennen zu können, lenkte ich den Lichtkegel der Lampe direkt auf ihren Kopf, um sogleich zusammenzuzucken. In diesen Augen war keinerlei Lebensfreude mehr zu erkennen und ich begriff, dass diese Pupillen hier wohl eher zwei durchgebrannten Glühbirnen glichen als einem Werkzeug Anteil nehmender Blicke.

Den ganzen Abend über weine ich in aller Stille für diese Frau und einen unbekannten Mann, der aus Liebe zu ihr sein eigenes Leben in Gefahr brachte, indem er aus der Höhe des Daches auf den dunklen Asphalt sprang. Die unterdrückten Laute meiner Seufzer würgen mich und ich befürchte, *Ali* und *Reza* könnten von meinem Gefühlsausbruch erwachen. Was würde wohl mit den beiden passieren, nähme auch mich das Schicksal derart in Besitz? Die Angst kehrt zurück. Mein Rücken zittert und der Kopf wird zunehmend heißer. Ich muss unbedingt mit *Amir* sprechen, doch der schläft bereits in Bukarest. Zurufen will ich ihm: »Pass auf dich auf, mein Geliebter, und bleib in Gottes Namen dort, wo du gerade bist, denn es ist ein sicherer Ort.«

Am frühen Morgen erwache ich auf dem Sofa von einem Türgeräusch, das die Rückkehr *Mehri*s aus ihrer Nachtschicht ankündigt. Noch schlaftrunken frage ich sie:»Und, hattest du eine anstrengende Nacht?«»Nein danke, es waren keine schlimmen Stunden. Wir hatten nur einen akuten Fall.« Sie berichtet, dass die Männer des Komitees einen Verunglückten mit gebrochenem Fuß vorbeibrachten. »So wie die Ärzte erzählen, ist die Chance einer hundertprozentigen Heilung nahezu ausgeschlossen«, erklärt sie und fügt hinzu:»Der arme Kerl. Wer weiß, was ihm widerfahren ist.« Ich berichte meiner Schwester von den

Geschehnissen der letzten Nacht im gegenüberliegenden Haus. *Mehri* antwortet aufrichtig: »Oh mein Gott, *Roja*. Wie viel Barmherzigkeit ist *Amir* und dir bislang zuteil geworden. Ich bitte dich, macht endlich irgendetwas! Wenn euch beiden etwas passiert, seid ihr und die Kinder verloren.« Ich weiß, wieder einmal hat meine kleine Schwester die Wahrheit gesprochen, und in mir wächst das unbändige Bedürfnis, all meine Qualen auf das Papier zu werfen.

Aus meiner unsicheren Deckung heraus
betrachte ich hellwach
das Unwetter, das über uns kommt.
Die Linien meines Gesichtes
lösen sich auf.
An meinen Wurzeln nagt Schmerz.
Ich vibriere.

Der Film meines Lebens zerreißt.
Von nun an trage ich
die Einsamkeit des Laubes in mir,
wehe wie eine nackte Brise
in finsterer Nacht,
sitze allein.
Verloren habe ich mich.

Die Sonne der Sehnsucht brennt,
verbrennt mich,
und doch lebt mein Hass.

Wofür?

Roja

Mehr als zwei Monate waren bereits seit *Amir*s Abreise vergangen, und immer noch rief er mich jeden Abend an. War ich in der Vergangenheit von dem Wunsch seiner Rückkehr fast besessen gewesen, so versuchte ich ihn nun davon abzuhalten. Zu nachhaltig hatten mich die Erlebnisse der letzten Tage geprägt. Besonders nach dem Vorfall mit meiner Nachbarin war das Ängstliche in mir bedrohlich gewachsen, sodass mein Wesen jetzt bereit war, *Amir* künftig nur noch wenige Male im Jahr und dann auch nur für kurze Zeit im Ausland zu treffen.

Am folgenden Abend komme ich wie immer müde aus meinem Friseurladen nach Hause. Noch völlig in Gedanken über die Ereignisse des Tages versunken, erschrecke ich zutiefst, als ich *Shahram* in den Räumen meiner Wohnung begegne. Ich weiß, diesen Zugang kann ich ihm nicht verwehren, dagegen spricht das gerichtlich übertragene Sorgerecht. Recht, um das Wort in meinem Sinne zu bemühen, ist es mir aber nicht. Da *Ali* und *Reza* bereits im Bett liegen und schlafen, halte ich es zunächst für das Vernünftigste, *Shahram*s Anwesenheit demonstrativ zu übersehen. Ich erwarte, dass er mir gleich mit einer belanglosen Ausrede nach der Art eines fürsorglichen Vaters begegnen wird, den die Sehnsucht zu seinen Kindern führt. Fast bin ich enttäuscht, weil ihm eine Erklärung für seinen Besuch überhaupt nicht in den Sinn zu kommen scheint. So, als gäbe es außer mir in den Zimmern keine weitere Person, gehe ich nervös und fahrig unter seinen Blicken meinen abendlichen Pflichten im Haushalt nach. Keiner von uns spricht ein Wort. Als es zehn Uhr abends wird, erkläre ich ihm, dass ich das Haustor absperren muss und danach schlafen will. »Schließ doch ab. Was hat das mit mir zu tun?«, fragt er mich lapidar. »Was das mit dir zu tun hat?«,

rufe ich aufgebracht. »Willst du eigentlich nicht gehen?«
»Zu so später Stunde soll ich noch das Haus verlassen?«,
entgegnet er mir mit einer genüsslich zur Schau gestellten
Überlegenheit. »Ich wusste wirklich nicht, dass ich keine
Erlaubnis besitze, meine Kinder zu sehen.« Das Telefon
klingelt und mir wird sofort klar, dass dies nur *Amir* sein
kann. Was um alles in der Welt soll ich tun? *Shahram*, dem
meine Verlegenheit nicht verborgen geblieben ist, kostet die
Situation selbstgefällig aus. »Warum nimmst du den Hörer
nicht ab?« Spöttisch erhebt er sich, tut so, als hätte er sich
gerade selber dazu aufgefordert. Wie zu erwarten ist, unterbricht *Amir* sofort die Verbindung. Wie mag der diesen
Moment gerade erlebt, was im Augenblick der vernomme-
nen Stimme *Shahram*s empfunden haben, überlege ich. Oh
mein Gott, in welch ein Schicksal werde ich hier verstrickt?
Verwirrt und in Tränen gehe ich in mein Schlafzimmer und
verriegele unverzüglich hinter mir die Tür. Plötzlich weiß
ich nicht mehr, wo ich eigentlich hingehöre, wo mein Platz
ist, und meine Persönlichkeit scheint sich schweigend aus
dem Kopf zu schleichen. Kraftlos falle ich auf das Bett,
während sich die Decke des Zimmers über mir deutlich zu
drehen beginnt. Diffuser Krach dringt aus der Küche.
Offenbar bereitet *Shahram* seinen täglichen Opiumrausch
vor und ich stelle zum ersten Mal Gott voller Verzweiflung
die bittere Frage, wann er mich endlich von diesem unsäglichen Leben erlösen will. Auf einmal ziehen wieder alt-
bekannte Bilder an mir vorüber, Szenen, die mich mit
Shahram verbinden. Stumm betrachte ich meinen jungen
vergewaltigten Körper, sehe all die schändlichen und
brutalen Momente des erzwungenen Beischlafs wieder,
beobachte meinen Treppensturz während der Schwangerschaft, erkenne die gealterte Frau, deren Seele auf dem
Boden in Hunderte von Spiegelsplittern zerspringt. Alle

Momente des Schmerzes und der Erniedrigung fallen ungerufen über mich her. Wie oft hatte ich mich in den gemeinsamen Nächten mit *Shahram* bis an den äußersten Rand meiner eigenen Betthälfte zurückgezogen, auf die Gefahr hin, im Schlaf auf den Boden zu stürzen. Und jetzt bin ich mit diesem Menschen wieder nächtlich verbunden. Welch einen Sinn hat unsere Scheidung gehabt, wenn ich mich immer noch mit einer verschlossenen Tür schützen muss?

Ich stehe auf und trete in Gedanken an das Fenster. Könnte ich doch jetzt gemeinsam mit dem Blick meiner Augen einfach fortfliegen, spurlos entschwinden und diesen Ort der Schmerzen ein für alle Mal hinter mir lassen. Ich verstehe mein Schicksal nicht mehr. Nie hatte ich gegen *Shahram* ein böses Wort erhoben, nie mit ihm gestritten, ihm jegliche Wünsche erfüllt. Und doch hatte es für uns keine gemeinsame Zukunft gegeben. Nun, trotz allem zum zweiten Mal geschieden, möchte ich am liebsten lautlos meinen kleinen Koffer packen und erneut vor ihm flüchten. Doch hindert mich daran die Existenz meiner Kinder. Wehmütig stelle ich mir all die vielen liebevollen Frauen und Männer vor, die in dieser Nacht friedlich nebeneinander schlafen, beneide sie und versuche alle Gestalten für mich in der Dunkelheit des Raumes in eindringlichen Bildern festzuhalten. Doch als der Morgen kommt, beginnen sie sich in der Dämmerung der frühen Stunde aufzulösen. Mühsam erhebe ich mich und öffne vorsichtig die Tür. *Ali* und *Reza* sitzen bereits ungeduldig am Frühstückstisch, schauen mich voller Erwartung an. Ohne mein Handeln weiter zu überdenken, bereite ich ihnen und ihrem Vater mit mechanischen Handgriffen eine morgendliche Mahlzeit, und während ich den dreien beim Essen zusehe, denke ich: Wer würde in diesem

Moment glauben, dass sich hier eine unglückliche Familie auf den neuen Tag vorbereitet?

Nachdem ich *Ali* und *Reza* zur Schule gebracht habe, kehre ich in die Wohnung zurück. Immer noch ist *Shahram* anwesend. Gereizt, hastig und schweigsam zugleich beseitige ich die Spuren des morgendlichen Frühstücks, ordne die Küche und will gerade das Haus verlassen, um mich in meinen Laden zu begeben, als er mich mit den Worten zurückhält: »Ich brauche Geld, *Roja*!« Mir verschlägt es den Atem. *Shahram* benahm sich, als könne ich Geldscheine drucken. »Ich weiß nicht, was mich das angeht«, entgegne ich ihm. »Wir zwei sind voneinander getrennt. Das sollte auch dir bekannt sein. Gestern Abend kamst du, um die Kinder zu sehen. Gut. Du hast sie gesehen. Also, warum gehst du jetzt nicht?« »Ich verstehe überhaupt nicht, warum du ein derartiges Theater veranstaltest, *Roja*. Ich kann meine Kinder auch mitnehmen, wenn dir das lieber ist. Dann wirst du sie künftig gar nicht mehr zu Gesicht bekommen.« Wieder einmal hat er treffsicher meine empfindliche Stelle berührt. Angewidert händige ich ihm die geforderte Summe Geldes aus. Langsam bekomme ich Übung darin. Gleichzeitig fordere ich ihn auf, unverzüglich das Haus zu verlassen. Er geht tatsächlich. Schließlich weiß er, dass mich mein Geschäft braucht. Ein florierender Frisiersalon aber bedeutet für *Shahram* Geld.

Auf dem Weg dorthin laufen meine Gedanken zu *Amir*. Meine Liebe zu ihm hat meine Leiden nicht lindern können. Mir fällt meine Nachbarin ein. Auch sie hat durch ihre Liebe Verfolgung erfahren. Es scheint, als müssten Frauen auch dann Leid ertragen, wenn ihr Leben von moralischen Männern berührt wird. Zu gewaltig sind die Kräfte der

*Shahram*s. Und ich denke an Gott, mit dem ich noch vor wenigen Stunden Zwiesprache gehalten hatte. Vielleicht war er ins Hintertreffen geraten, weil in meiner Gesellschaft zwischenzeitlich andere an seine Stelle getreten waren, um über uns Frauen ungefragt zu entscheiden. Dass er dies in seinem Namen zuließ, wollte ich nicht begreifen.

Kapitel 24

Die Entscheidung

Es waren schwere Tage und dunkle Nächte, in denen ich mich jetzt befand. Ein Gefühl der Hoffnungslosigkeit hatte mich ergriffen. Nachts, wenn ich äußerlich zur Ruhe kam, zitterte ich vor innerer Kälte, die ich nicht zu überwinden vermochte. Wie viele Jahre schleppte ich nun schon meine Angst mit mir herum? Furcht ergriff mich in der Gegenwart *Shahrams*, ein Grauen befiel mich beim Anblick der Sittenwächter des Komitees und der Schrecken peinigte mich unentwegt, *Amirs* Beziehung zu mir könnte irgendwann entdeckt werden. Dass diese Enthüllung dazu führen würde, mich meiner Kinder zu berauben, entsetzte mich am meisten. Dabei war es völlig unerheblich, ob dieser Zugriff durch *Shahram* oder die staatliche Obrigkeit erfolgen konnte. Und doch wurden alle Empfindungen überlagert von meinen starken Gefühlen für *Amir*. Sein sprachloser Telefonkontakt mit dem Vater meiner Söhne musste ihn tief gekränkt haben. Dennoch beklagte er sich nicht. Warum nur wurde er unserer Verbindung nicht überdrüssig? Fast wäre es mir lieber gewesen, er hätte sich beklagt. Wenn ihm in all unseren gemeinsamen Jahren seine Zuneigung zu mir abhanden gekommen wäre, weil sich meine privaten Probleme nicht lösen ließen, wer hätte es ihm verübeln wollen? Unsere Liebe zueinander hatte für mich im Laufe ihrer Entwicklung durchaus den Charakter des Unfairen angenommen. *Amir* opferte mir den wertvollsten Teil seiner Jugend und schenkte mir sein Vermögen. Und ich? Ich hatte dem nichts entgegenzusetzen. Alles, was ich zum Schenken besaß, gab ich meinen Kindern. Nein, diese Liebe kannte keine Zukunft.

An diesem Abend saß ich noch lange nach Geschäftsschluss in meinem Frisiersalon und stierte in den Spiegel an der Wand mir gegenüber. Körperlich wie seelisch fühlte ich mich ausgebrannt und erschöpft, dass ich gar nicht bemerkte, wie *Mehri*, die mein Ausbleiben beunruhigt hatte, den Raum betrat. Leise setzte sie sich neben mich: »Mach dir keine Sorgen, die Kinder schlafen bereits. Da du nicht zu Hause warst, dachte ich mir, ich müsste mal nachschauen, wo du bleibst.« Mir versagte die Stimme, so sehr würgte mich ein Gefühl der Ohnmacht und des Zornes. *Mehri* zog sanft die Hände von meinem Gesicht. »Ich bitte dich, weine doch nicht.« »Lass mich weinen, *Mehri*.« »Was ist denn passiert?« »Nichts, gar nichts ist passiert. Ich weine grundlos, weißt du. Es gibt keinen konkreten Anlass für meine Tränen. Vielleicht ist es einfach mein ganzes Leben, das mich im Moment niederdrückt.« Ich musste schlucken »*Mehri*, ich halte dieses Dasein nicht länger aus. Diese ewigen Erniedrigungen durch *Shahram*, seine Drohungen, mir die Kinder zu nehmen, wenn ich ihn nicht bezahle. Seit wann muss sich eine Mutter die Sorge für ihre Kinder erkaufen? Kannst du mir sagen, wo sonst auf der Welt Derartiges möglich ist? In was für einer Zeit und in welchem Land leben wir denn? Um uns herum gibt es Festnahmen, Peitschenschläge, Steinigungen. Denk an die Nachbarin im gegenüberliegenden Haus, der man das Komitee auf den Hals gehetzt hat. Ich habe Angst, *Amir* könnte auch einmal von einem solchen Dach stürzen. Was geht in den Köpfen dieser Sittenwächter vor? Sind wir Frauen seelenlose und unreine Geschöpfe, mit denen man so umgehen muss? Oder fürchten uns die Männer, weil wir doch ebenbürtige Wesen sind und deshalb ihre Vormacht in Gefahr bringen könnten? Eigentlich dürften wir uns für die Antworten auf derartige Fragen gar nicht interessieren. Mich interessieren sie aber, und weißt du auch, warum? Weil ich nicht begreife, weshalb ich an der Seite von *Amir* kein friedliches Leben verbringen darf, ein Leben, das niemanden beeinträchtigen oder behindern würde. Stattdessen muss ich mich entscheiden zwischen ihm und meinen Kindern. *Amir* wird mir verloren gehen, weil *Shahram* ein Sorgerecht besitzt. Damit verfügt er nämlich über mich und die Kinder, solange es ihm gefällt, im schlimmsten Fall, bis *Ali* und *Reza* volljährig sind. Ich kann aber nicht mehr in einem Spannungsfeld unterdrückter Gefühle leben, das diesem geliebten Menschen und mir keinerlei Perspektiven bietet. Anders gesagt: Ich habe nicht mehr die Kraft, auf *Amir* zu warten, denn ein solches Ausharren besitzt keine Zukunft.« *Mehri* hatte bei meinen Worten ihre Augen verdreht, die sich jetzt mit Tränen füllten.»Ich verstehe dich, *Roja*. Besser vielleicht, als du glaubst. Vielleicht ist es tatsächlich richtig, die Beziehung mit *Amir* zu beenden. Ich für meinen Teil müsste mich dann zumindest nicht andauernd um euch sorgen. Aber wenn du schon so weit bist, eine derart schwer wiegende und schmerzliche Entscheidung zu treffen, dann solltest du das *Amir* persönlich mitteilen, nicht in einem Telefonat und auch nicht in einem Brief. Fahr zu ihm, das bist du ihm, das seid ihr euch beide schuldig. Und wer weiß, vielleicht findet ihr doch noch eine Lösung, wenn ihr euch erst einmal gegenübersitzt und gemeinsam das Problem erörtert. Denkt zusammen über eure unklaren Verhältnisse nach und trefft danach die richtige Entscheidung.« *Mehri* hatte Recht. Dies war nicht der richtige Augenblick, etwas zu übereilen, und während ich über ihren Vorschlag nachdachte, fügte sie schnell hinzu:»Komm mir jetzt bitte nicht mit irgendwelchen Vorwänden. Für die Kinder werde ich schon sorgen.« Damit hatte sie bereits für mich eine Entscheidung getroffen. Eine weit größere aber lag noch vor mir.

Eine Woche nach diesem Gespräch flog ich über Istanbul nach Bukarest. Es war Mitte Februar und damit das Ende des *Bahman*. Ich musste während des Fluges, der meine Atemwege zu meinem Erstaunen erheblich belastete, an die Telefongespräche der letzten Wochen denken, in denen *Amir* nicht selten einen recht kopflosen Eindruck hinterließ. Häufig schien er mitten im Satz die einfachsten Worte vergessen zu haben. Dann wirkten seine Mitteilungen auf mich so konfus, dass ich sie wirklich nicht begriff. Ein anderes Mal entstand bei mir der Eindruck, er sei nicht fähig, der Logik unseres Gespräches zu folgen. An einem Abend klang seine Stimme müde, am nächsten überhitzt. Danach stand für mich fest, dass durch unsere Trennung seine Seele in der Fremde Schaden genommen haben musste. Auch das war ein Grund für mich gewesen, diese Reise anzutreten. War er tatsächlich erkrankt, musste ich ihm beistehen. Das war ich ihm nach allem, was zwischen uns geschehen war, schuldig.

Der Anschlussflug von Istanbul nach Bukarest verlief überraschend schnell. Dennoch steigerte sich meine Ungeduld stündlich. Zu meiner Erleichterung hatte sich der Husten wieder etwas beruhigt. Jetzt konzentrierte sich meine ganze Sorge auf *Ali*, den ich mit einer leichten Erkrankung hatte zurücklassen müssen, und natürlich auf *Amir*, den in die Arme zu schließen ich nicht abwarten konnte. Noch während sich meine Gedanken mit diesen»beiden Herren« beschäftigten, wurden die Positionslichter der Rollbahn für uns sichtbar. Endlich hatten wir den Flughafen von Bukarest erreicht.

Als ich *Amir*s fahles, eingefallenes Gesicht am Ausgang erblickte, zeigten meine Knie einen ersten Anflug von

Schwäche. Oh mein Gott, für welche Sünden meiner Person musste er büßen? Ohne ein Wort zu sagen, schloss er mich mit Tränen in den Augen fest in seine Arme. Ich weinte. Ich heulte. Plötzlich wurde uns beiden die ungeheuerliche Zeit der Trennung bewusst, erkannten und empfanden wir jene ungerechte Entfernung, die man uns gewaltsam aufgezwungen hatte. *Amir* war mit einem Taxi zum Flughafen gekommen, und augenblicklich erschien mir wieder sein Gesicht in dem vom Dach gesprungenen Mann vor Augen, als sei dessen gebrochener Fuß der Grund dafür, dass er nicht mit seinem eigenen Auto hatte kommen können. Meine wiederholte Hingabe zur Verquickung realer Geschehnisse mit ängstlichen Wahnvorstellungen erschreckte mich. Erneut musste ich weinen und es war mir recht, dass ich mich nun dabei auf dem Rücksitz des Taxis an die so lange vermisste Schulter anlehnen konnte. Beide kämpften wir mit unseren Tränen. Beide schwiegen wir. Der Fahrer, der sich über diese Szene sichtbar wunderte, hielt *Amir* am Ende der Fahrt nach seiner Bezahlung mit einer Frage zurück, während ich bereits begann, mich vom Fahrzeug zu entfernen. »Was hat er von dir gewollt?«, fragte ich neugierig, nachdem er wieder meine Seite erreicht hatte. »Ach, nichts. Er sagte nur, noch nie zuvor die wahre Liebe zwischen zwei Menschen gesehen zu haben. Ich soll auf dich aufpassen und gefälligst unser Glück bewahren.« Er lächelte, während ich ihm schweigsam ins Haus folgte.

Erschöpft von der Reise, betrat ich die Wohnung. Alles hier war sauber und geschmackvoll eingerichtet. Zum ersten Mal sah ich, wie *Amir* in Bukarest lebte. Ich hatte mir eine solch schöne Wohnung nicht vorgestellt, da er sich hier ja stets nur für geraume Zeit aufhielt. In allen Räumen hingen an den Wänden Bilder von *Ali*, *Reza* und mir. Ebenso schauten mich die beiden aus den Bilderrahmen auf dem kleinen Tisch neben dem Kamin an. Also lebte er hier tatsächlich mit uns. Ich hatte es erahnt. Doch es jetzt mit eigenen Augen zu sehen, war etwas anderes. Plötzlich musste ich an den dunklen Vorsatz denken, mit dem ich meine Reise angetreten hatte, und der Augenblick in diesem vertrauten wie fremden Zimmer deprimierte mich. Deutlich empfand ich, in welcher Weise sich jener Mensch in all den Jahren für mich aufgeopfert und wohl auch aufgespart hatte. Mein Blick fiel auf eine Vase, die mit frischen Blumen den Esstisch schmückte. Der leise, melancholische Ton einer mir fremden Musik erfüllte den Raum. In dieser Nacht bat ich *Amir* zum allerersten Mal, für mich seinen Handel im Ausland aufzugeben, um in einer versteckten Ecke des Irans seine Ruhe zu finden. Er schaute mich traurig an:»Wie kann ich mich im Iran ausruhen? Ohne dich komme ich nirgendwo zur Ruhe. Ohne dich muss ich immer fliehen und heimatlos sein.« Diese Antwort kam für mich unerwartet und wühlte mich völlig auf.»Ich möchte doch nur deine Gesundheit und dein Glück. Das Glück, das ich dir genommen habe«, entgegnete ich schüchtern.»Was erwartest du von mir, *Roja*? Dass ich dich vergesse, dich aus meinem Leben werfe? Nein, so wie die Dinge stehen, werde ich auch weiterhin auf der Flucht bleiben. Ich kann nicht anders. Selbst hier, fünftausend Kilometer vom Iran entfernt, rieche ich noch deinen Duft. So stark ist mein Empfinden für dich.« Ich wandte meinen Blick von ihm ab.»Bevor du kamst, *Roja*, spürte ich deine Erscheinung. Dies ist mein Gefühl, für das ich nichts kann. Es sind meine Erinnerungen an dich, die dein Wesen in mir wach halten. Ich weiß, es klingt überspannt, aber dein Körperduft ist mein Leben.« Von so viel Bekenntnis zu *wahrer* Liebe war ich wie erschlagen. Sprachlos war ich und hätte ihm doch am liebsten zugerufen, dass ich warten werde, dass doch noch alles in Ordnung kommt. Irgendwann. *Amir* hatte offenbar meine Gedanken erraten. »*Roja*, unsere Illusionen reichen noch. Den Kindern geht es jetzt gut. Sie werden größer und irgendwann selbstständig sein. Dann hat *Shahram* die Möglichkeiten seines Einflusses verloren. Bis dahin müssen wir aufeinander aufpassen.« Er hatte Recht. In all den Jahren war es mir vordergründig um das Wohl meiner Kinder gegangen. Es musste die Zeit kommen, an sich selbst zu denken.

In jener Nacht sah ich für *Amir* und mich seit langem wieder eine deutliche Zukunftsperspektive. Und das, obwohl mich die Sorge um *Ali* und *Reza* bedenklich stimmte. Ich wusste, von beiden abhängig zu sein, wusste, dass ohne sie mein Leben ihren Sinn verlieren würde. Und doch war ich zuversichtlich. »All die Monate und Jahre sind wie ein Blitzschlag vergangen«, gab *Amir* zu bedenken. »Weißt du noch um den Tag unserer ersten Begegnung?« Ich antwortete ihm mit einem Ja. »Seit dem Tag habe ich nur noch an dich gedacht, *Roja*. Dabei versuchte ich meine Gefühle vor dir zu verstecken und für mich zu behalten. Aber wie mir das gelungen ist, weißt du ja selber.« Er lachte leise und flüsterte mir ins Ohr: »Weil ich nicht genügend Platz in mir besaß, um dich ganz aufzunehmen.« Jetzt lächelte auch ich. Beruhigend war es, an seiner Brust zu liegen und ebenfalls vertrauten körperlichen Duft zu atmen. In dieser Nacht sprachen wir noch viel und lange miteinander, und es schien mir, als hätte die Zukunft uns doch noch für sich entdeckt.

Am zweiten Abend besuchten *Amir* und ich eine Diskothek. Es war für mich das erste Mal, dass ich einen Ort derartiger Vergnügen sah, und er gefiel mir. Schön war es, sich auf einer überfüllten Tanzfläche ausgelassen zu den Klängen einer rhythmisch beschwingten Musik zu bewegen. Beide lachten wir viel, scherzten miteinander. Eine Art Rausch erfasste mich. Neugierig schaute ich mich um. Die turbulente Szene wurde hauptsächlich belebt von Menschen, die sich völlig frei gaben, sodass ich in ihrem Verhalten einen gewissen Hauch der Zügellosigkeit zu erahnen glaubte. Vielleicht handelte es sich hier um eine Art Befreiung, die sie von ihren grauen Alltagsbildern fortführte. Diese Ausschweifung aber hatte für mich zugleich auch etwas Bizarres, Anziehendes und doch wieder Abstoßendes. Alles besaß für mich in sich die Bereitschaft zu einer Form sexueller Freizügigkeit, die mir fremd war und die ich auch nicht an mich heranlassen wollte. Ich begann mich unwohl zu fühlen.

Dennoch verließen wir erst gegen drei Uhr morgens diesen Ort für mich zweifelhafter Vergnügungen. Die Straßen hatten sich bereits geleert und von Fahrzeugen des Komitees war nichts zu sehen. Mit leichtem und beschwingtem Schritt gingen wir spazieren und genossen dabei das Gemütliche dieser nächtlichen Stunde. Plötzlich litt ich nicht mehr. Alles um mich herum gab mir auf einmal eine innere Ruhe, die leeren Straßen, die verschlossenen Fenster und Türen. Ein für mich neuartiges Gefühl vermischte sich mit der Fremdartigkeit hiesiger Erde, des Himmels und der Bäume. Auf einmal war ich eine Frau, die in einer verzauberten Welt ihren Schritt nahm, frei, um zu tun, was ihr gefiel. Ein Instinkt der völligen Selbstständigkeit wuchs in mir und die Kraft, sie auch zu nutzen. Unvergleichlich war der Geschmack von Freiheit, das Gefühl, jeglicher Form der Begrenzung entflohen zu sein. Auf einmal war ich wunschlos glücklich. Nichts wollte ich mehr. Vor nichts hatte ich Angst. Frei war ich. Frei!

Wir hatten nicht den direkten Heimweg, sondern eine Abzweigung durch einen romantisch verwinkelten Park genommen. Still gingen wir nebeneinanderher. Der Himmel über uns war gänzlich von Wolken verhangen, sodass kein einziger Stern über uns glänzte. Um uns herum herrschte absolute Finsternis und eine Stille, die nur vom knirschenden Geräusch unserer gleichförmigen Schritte auf dem Kiesweg unterbrochen wurde. Jeder von uns schien in seinen eigenen Gedanken gefangen. Plötzlich blieb *Amir* stehen, zog mich an sich und flüsterte:»*Roja*, das Leben ist schön, wenn du nur an meiner Seite bist. Ich genieße jeden Augenblick und doch fürchte ich mich jetzt schon vor dem Moment deiner Abreise.«»Dann muss es uns gelingen, einen Ausweg zu finden«, entgegnete ich ebenso leise. Ich spürte, dass der entscheidende Moment der Abwägung gekommen war.»*Amir*, auch ich bin am Ziel, sobald ich deine Nähe spüre. Auch ich habe Angst vor der Stunde meiner Rückkehr. Und ich habe mich zu dieser Reise entschlossen, um dich hier in Bukarest zu sehen, um zu erleben, an welchem Ort du auf welche Weise lebst. Ich bin aber auch gekommen, um mit dir über unsere Zukunft zu sprechen, denn so, wie wir die Gegenwart leben, kann es nicht weitergehen. Schau dich doch an, sieht so ein glücklicher Mann aus? Und auch ich, *Amir*, auch ich halte dieses Dasein daheim mit und ohne dich nicht mehr aus. Ich bin gekommen, um mit dir nach einer Lösung für unser gemeinsames Problem zu suchen.« *Amir*s Griff lockerte sich ein wenig. Seine traurigen Augen, die ich sonst immer so sehr an ihm geliebt hatte, blickten mir still entgegen. Ich war voller Erwartung, doch er antwortete mir nicht. Um das drückende Schweigen zu brechen, fragte ich, und meine Stimme verhielt sich dabei so schüchtern und leise, dass ich mich selber kaum hören konnte: »Auf welche Weise wollen wir unser Glück festhalten, *Amir*?« Jetzt erst räusperte er sich: »Vielleicht kann uns Rumänien, vielleicht kann uns ja diese Stadt zu einer dauerhaften Heimat werden?« Ich war enttäuscht. »*Amir*, das funktioniert nicht. Deine Arbeit in Bukarest ist zeitlich begrenzt. Das weißt du. Und nur solange du sie ausübst, besteht für uns die Möglichkeit eines legalen Aufenthaltes. Für eine begrenzte Zeit die Kinder nachkommen zu lassen ergibt überhaupt keinen Sinn. Außerdem fühle ich mich in diesem Land auf Dauer nicht wohl.« Und ich berichtete ihm flüchtig von meinen Eindrücken in der Diskothek. Stille und Dunkelheit schienen uns plötzlich erdrücken zu wollen. »Wo sollen wir uns hinwenden?«, fuhr ich fort, und meine Stimme einer gerade in Freiheit erstarkten stolzen Frau wurde laut und ungeduldig. »Im Iran können wir unsere Liebe nicht leben. Dort warten auf uns *Shahram* und das Komitee. Wollen wir vielleicht unsere Gefühle vor allen anderen Menschen verstecken und so lange warten, bis *Ali* und *Reza* auf ihren eigenen Beinen stehen? Wenn der Tag gekommen ist, können wir uns vermutlich nicht mehr auf unseren halten. Dann nämlich sind wir alt. Außerdem würden wir es ohneeinander gar nicht aushalten. Also würden wir uns wieder heimlich treffen, so wie früher. Ich kann aber nicht mehr in ständiger Angst vor Entdeckung leben. Ich mag auch keine Angst mehr um die Zukunft meiner Kinder haben müssen. Ich will überhaupt nicht mehr das Gefühl von Angst in mir verspüren, begreifst du das?« *Amir* war während meiner Worte unmerklich von mir abgewichen. »*Roja*, ich weiß, dass du viel erlebt und durchgemacht hast. Aber warum soll es für uns nicht besser werden im Iran, irgendwann?«

»Irgendwann?« Meine Stimme machte keine Anstalten, leiser zu werden. Oder war es die Stille um uns herum, die sie plötzlich so laut und zwingend erscheinen ließ? »*Amir*, wir dürfen bei aller Zuversicht, bei allem Wunschdenken, bei unserer Liebe nicht unsere Augen vor den Verhältnissen des Landes verschließen, aus dem wir beide stammen. Die dort Herrschenden sind unfähig zur Selbstkritik. Deshalb werden sie sich niemals selbst erneuern und den Iran in eine moderne Zeit schicken. Vielmehr glauben sie, eine Lizenz auf die allein gültigen, die wahrhaften Glaubensregeln zu besitzen. Das Recht, anders zu denken und zu leben, ist ihnen fremd. Und deshalb werden wir dort so lange keine gemeinsame Zukunft haben, bis *Shahram* seine Druckmittel gegen mich verliert. Das aber kann noch Jahre dauern. Deshalb musst du endlich anfangen, an dich selbst zu denken. Du bist jung, intelligent, bist begabt. Alle Schönheiten dieser Welt sind in dir versteckt. Nutze sie. Wenn ich aus deinem Leben trete, wird es sich für dich endlich zum Positiven verändern. Auf mich zu warten und dabei unglücklich zu sein, ist kein Leben für jemanden wie dich. Und ich möchte daran auch nicht schuld sein.« Ich hatte mich während dieser Worte aus seiner Umarmung gelöst und mich von ihm abgewandt. Mit jedem Satz war meine Stimme leiser geworden, so als wollte sie selbst nicht glauben, was da durch sie gesprochen wurde. Tränen stiegen in mir auf und am liebsten hätte ich lauthals herausgeschrien: »Und trotzdem liebe ich dich! Vergiss, was ich dir eben gesagt habe.« Auf einmal stand mir die ganze Komplexität und Widersprüchlichkeit der menschlichen Seele vor Augen und ich begriff, dass die Liebe eine gefährliche Mischung aus Lebenselixier und tödlichem Gift sein konnte. *Amir* stand hinter mir. Ich spürte die Vibration seines zitternden Körpers. »Ohne dich werde ich sterben, *Roja*.« »Nein, *Amir*, wir sind bereits gestorben, vor langer Zeit schon. Nämlich mit den Monaten unserer Trennung.« Ich spürte seine Hilflosigkeit, seine Schwäche und die Angst, die nun von mir auf ihn übergesprungen war.»*Amir*, du musst mich vergessen. Wir haben keine Wahl.« Er drehte meinen Körper zu sich herum, drückte leicht meine Hand und sagte mit ungewohnt tiefer Stimme:»Du bist müder, als ich dachte, *Roja*.« Dies war der entscheidende Satz, der mich spontan dazu brachte, unser Gespräch und damit diese Tragödie hier zu beenden. Nichts konnte ich mehr sagen, ihn nur noch bitten, mit mir sofort diesen Park zu verlassen.

Während des Packens in seiner Wohnung weinte ich still und unaufhörlich. In meinem Innersten beschwor ich Gott, mir jene Kraft zu verleihen, die ich nötig hatte, um mich von *Amir* endgültig zu trennen. Der schaute mir wortlos zu. Trotzdem fühlte ich seine Augen, den Blick einer gefolterten Seele auf mir lasten. Begriff er denn nicht, dass mein Handeln maßgeblich seinem Wohlergehen galt? Als ob er meinen Gedanken gelesen hatte, antwortete er, indem er tief Luft holte:»Du bist mir keine Belastung, *Roja*. Dich nicht mehr in meinem Leben zu wissen, vernichtet mich. Ich bitte dich logisch zu denken.« Doch ich konnte und wollte mich nicht mehr dem Diktat seiner eigenen Urteilskraft öffnen. In dieser fremden Umgebung und unter einer derart seelischen Anspannung hatte man gute Chancen, zur Psychopatin zu werden.

Ich hatte mein Gepäck verstaut und saß jetzt *Amir* gegenüber. Unsere Tränen waren auf einmal versiegt. Beide hatten wir das Unwiderrufliche dieses Augenblicks begriffen und langsam beruhigten wir uns. Seinen verlegenen und dabei doch so lieblichen Blick mit dem sympathischen

Lächeln werde ich vermissen, dachte ich. Und trotzdem wird mir sein Augenpaar auch künftig die besondere Kraft geben, getrennt von ihm zu leben. Davon war ich überzeugt. Für ihn aber sollte es künftig ein besseres Dasein geben, das und nur das war in diesem Augenblick mein innigster Wunsch.

Stunden später saß ich bereits wieder im Flugzeug auf dem Weg nach Teheran. Dabei hatten meine Gedanken Bukarest noch gar nicht verlassen. Was für eine Nacht lag hinter mir? Die turbulenten Momente des Abschieds umfassten mich und die Gewissheit, einer mehr als acht Jahre währenden Liebe das Ende bereitet zu haben, lösten düstere und schmerzliche Stimmungen in mir aus. Ich hatte mir nach dem unwiderruflich letzten Gespräch mit *Amir* bis zu meinem Abflug für die restlichen Stunden der Nacht in einem Hotel ein Zimmer genommen, das in der Nähe des Flughafens lag. Schlafen konnte ich nicht. Trotzdem kam ich nach endlosen Grübeleien viel zu spät in der Schalterhalle des Airports an. Es verblieben mir nur noch wenige Minuten bis zum Abflug. Während ich der jungen freundlichen Dame hinter dem Tresen mein Ticket aushändigte, blickte ich nervös um mich. Eine Vielzahl an Fluggästen hastete an mir vorüber. Von *Amir* selber war nichts zu sehen. Inzwischen hatte das Mädchen meine Papiere abgestempelt und warf jetzt einen bewundernden Blick auf einen Ring, den ich an meiner linken Hand trug. Ich verstand ihr Interesse, denn auch ich liebte dieses Schmuckstück sehr, nicht nur weil es ein Geschenk von *Amir* war. Mit ihrem unbekümmerten Lächeln und einer eindeutigen Geste bat sie mich, das Schmuckstück etwas näher betrachten zu dürfen. Geschmeichelt von so viel Beachtung zog ich *Amirs* Andenken von meiner Hand und reichte es ihr. Noch im selben

Moment streifte sich das Mädchen hinter dem Schalter regungslos meinen Ring über ihren eigenen Finger, um mir danach wortlos lächelnd meine Flugunterlagen zurückzureichen. Ich war zunächst völlig verdutzt, begriff nicht, was hier geschah, verlangte irritiert mein Eigentum zurück. Sie aber, als verstünde sie nicht, was ich von ihr wollte, zeigte, immer noch ausgesucht freundlich, auf die Zeiger der über uns angebrachten großflächigen Uhr. Und jetzt begriff ich, dass ich mich von diesem kleinen, raffinierten Biest hier gedankenlos und töricht hatte reinlegen lassen. Zeit, meinen Fehler zu korrigieren, hatte ich nicht.

Noch auf meinem Rückflug konnte ich mich über meine Naivität und Dummheit nicht beruhigen. Durch leichtfertiges und eitles Verhalten hatte ich das Einzige verloren, das mich noch an *Amir* hätte erinnern können. Ich fragte mich, ob ich Stunden zuvor ebenso leichtfertig und eitel mit dem bisherigen Sinn meines Lebens umgegangen war. Oder hatte ich doch richtig gehandelt? Meine kleine Schwester *Mehri* würde mir darauf eine Antwort geben müssen.

Kapitel 25

Abschied

Ohne dich
Ich habe meinen Traum verloren,
mein Ziel, meinen Sinn.
Geleert sind jetzt meine Hände
durch die Wiederholung des Lebens.
Trotzdem brennt mein Herz,
entfacht durch die Hitze der Liebe.

Schon lief ich über die Sorgen meiner Nächte,
übte, ohne dich zu sein.
Was für eine sinnlose Tat.
Mein Weg zu mir
führt doch nur über dich,
aber verdunkelt ist jetzt dieser Pfad.

So habe ich Angst,
denn ohne dich wärmt dieses Leben nicht,
verkümmert mein Her,z und
statt deiner Zärtlichkeit
regnen Schmerzen auf mein Haar.

Roja

Nein, unmöglich ist es, das Geschehene unwiderruflich hinzunehmen. Ich kann *Amirs* Ring nicht einfach in den Händen dieser Frau belassen. Das scheint auch sie zu spüren, denn als mein finsterer Blick ihr Augenpaar trifft, huscht ein Anflug von Furcht über das Gesicht dieser Diebin. Noch ehe ich mich versehe, hat sie mit eiligem Schritt ihren Schalterplatz verlassen. Ich verfolge sie. Dabei hat dieses Unterfangen für mich etwas Irrwitziges und Hoffnungsloses zugleich. Ich weiß es, denn diese Frau besitzt die Größe eines Riesen, während ich von eher zwergenhaftem Wuchs bin. Ihr raumgreifender Schritt wiegt um ein Vielfaches die meinigen auf. Trotzdem laufe ich ihr nach. Ich hetze, ich haste und doch wird die Entfernung zwischen uns erwartungsgemäß immer größer. Auf einmal verändert sich das Bild. Fast unmerklich registriere ich, dass meine Gestalt mit jedem Schritt wächst, während die meiner Widersacherin in gleichem Maße schrumpft. Welche unerkannten Mächte schenken mir hier ihre Gunst? Voller Mut verstärke ich das Tempo, spüre, wie sich der Körper reckt und dehnt, sehe, dass sich die Perspektive meines Blickes weitet, indem sich unter mir alles deutlich verkleinert. Das Mädchen vom Schalter hingegen kann so schnell laufen, wie es will. Mit jeder seiner Bewegungen sinkt es weiter in sich zusammen. Schon bin ich ihr ein beträchtliches Stück näher gekommen, sehe uns schwitzend auf körperlich gleicher Höhe. Plötzlich ist der Kampf dieser Verfolgung ausgeglichen. Und mein Herz lacht. Spielt doch ab jetzt die Zeit ihr Spiel allein nur für mich. Ich spüre mit den schmerzhaften Dehnungen meiner Knochen, wie ich in dieser Hatz noch einmal deutlich an Wuchs zunehme. Gleichzeitig fällt die Verfolgte weiter in sich zusammen. Ängstlich schaut sie jetzt hinter sich, und um meinen triumphierenden Gesichtsausdruck zu erfassen, muss sie bereits ihren Blick fast senk-

217

recht zu mir in die Höhe richten. Diese Jagd beginnt mir Spaß zu bereiten. Nur noch wenige Augenblicke trennen mich von der Diebin, dann gehört *Amir*s Ring wieder mir. So geht der Lauf über das Gelände des Airports weiter. Menschen springen zur Seite, sobald sie uns erblicken, kreischen erschreckt auf, wenn unser Atem unvorbereitet ihre Gesichter streift. Die Stimme des Flughafensprechers ist schon seit Minuten verstummt, als hätte die Flucht seiner Kollegin den gesamten Flugverkehr gelähmt. Endlich ist der Augenblick gekommen, in mächtiger Gestalt das verhasste Mädchen vom Schalter zu fassen, das aber im selben Moment seine Entwicklung der Verkleinerung mit dem winzigsten, nämlich dem Schritt in das Nichts beendet. Verblüfft schaue ich auf eine abgetretene und leicht verschmutzte Bodenfliese, auf der sich gerade noch ein von mir ins Auge gefasster Winzling bewegte und die nun nichts mehr zeigt als die fahle Struktur ihres Gesteins. Auch der Ring ist nicht auszumachen. Schlagartig wird mir bewusst, dass ihn dieses kleine Biest in jenem Augenblick verloren haben muss, als dessen Größe ihre eigene überstieg. Mit solch einem Gedanken drehe ich mich augenblicklich um und haste den weiten Weg unseres gemeinsamen Laufes wieder zurück. Doch eine Chance, *Amir*s Geschenk und Andenken wiederzuerlangen, habe ich nicht mehr. Viel zu groß bin ich inzwischen geworden, als dass meine Augen einen so zierlichen Gegenstand noch am Boden erspähen könnten. Der Weg zurück führt nicht etwa zu einer Verkleinerung meiner Gestalt, wie ich mir wünsche. Vielmehr wachse ich bei jedem neuen Schritt weiter. Nur gut, dass ich die ängstlichen Blicke all dieser Miniaturen um mich herum nicht mehr wahrnehmen kann. Dennoch bleibt die schmerzliche Erkenntnis, dass der Ring für mich endgültig verloren ist.

Über diese Erkenntnis erfasst mich ein grenzenloser Zorn, aus dem sich eine geballte körperliche Kraft zügellos entwickelt. Längst habe ich das für mich bereits zu kleine Gebäude des Bukarester Flughafens verlassen und stehe nun inmitten eines pulsierenden Straßenverkehrs in Augenhöhe mit den Dächern der größten Wohnhäuser dieser Stadt, die mich drohend umzingeln. Da reiße ich mit dem Reflex der nun selber Verfolgten eine Hand voll dieser Gebäude aus ihrem Fundament, wie Pflanzen mit ihrem Wurzelwerk auf dem Felde, schäle die Fassaden und schlürfe aus den Fahrstuhlschächten das zappelnde Geflecht einer Gattung von Leben, das meinem eigenen Dasein bislang nur Schmerzen und Leid zugefügt hat.

Noch während ich die widerliche Masse Mensch verdaue, beginnt unter mir der Boden zu vibrieren. Der Grad einer eruptiven Erschütterung öffnet mir die Augen und ich blicke irritiert in das freundliche Gesicht einer jungen Stewardess, die mich auf die über mir aufleuchtenden Anschnallzeichen mit dem Hinweis aufmerksam macht, dass sich unsere Maschine in plötzlich aufgetretenen Turbulenzen befindet. Wenige Stunden später landen wir wohlbehalten auf dem Flughafen von Teheran. Mein Ring aber ist in Bukarest geblieben.

Spät in der Nacht kam ich müde zu Hause an. Der Anblick meiner tief schlafenden kleinen »Küken« beruhigte mich augenblicklich. Und doch war ich nicht mehr die frühere *Roja*. Das bekam ich schon in den nächsten Tagen zu spüren. Mein Haus wurde mir plötzlich zu eng und die Gesellschaft der Menschen strapazierte meine Nerven. Ich rauchte mehr denn je und konnte nachts wieder nicht schlafen. Ungezählte Male ging ich zum Telefon, um *Amir* anzurufen. Immer wieder legte ich mutlos den Hörer auf die

Gabel. Versuchte ich, ihm einen Brief zu schreiben, zerriss ich bereits nach wenigen Zeilen das Papier. Unentwegt fragte ich mich, auf welche Weise es mir gelingen sollte, meinen tief empfundenen Schmerz auszukurieren, der mich befallen hatte wie eine lebensbedrohende Krankheit.

Rojas kleiner heimischer Welt waren in der Zeit meines Aufenthaltes in Bukarest erhebliche Risse zugefügt worden. Mitarbeiterinnen des Frisiersalons hatten mir nach meiner Rückkehr von wiederholten Besuchen offensichtlicher Sittenwächter berichtet, die während meiner Abwesenheit nach der Eigentümerin des Geschäftes gefragt und sich neugierig unter meinen Kundinnen umgesehen hatten. Zum guten Ruf meines Geschäftes hatte dies nicht beigetragen. Daraufhin erschienen mir diese unbekannten Gestalten häufig als drohende Geschöpfe in meinen unruhigen Träumen. Mal zeigten sie sich als lang bemäntelte dunkle Kreaturen, dann wieder zogen sie als unheimliche schwarze Vögel gespensterartig durch die unruhigen Phantasien meiner nächtlichen Stunden. Und es verging kein Morgen, an dem ich mich nicht um mein glühendes und erhitztes Gemüt sorgte, offenbar bemüht war, mich von mir selbst fortzutragen.

Nunmehr, so glaubte ich wahrnehmen zu müssen, wurde mein Geschäft, anders als in der Vergangenheit, verstärkt auch von Männern besucht. Männer, die allesamt auf eine für mich unerwartete Weise ein fragwürdiges Interesse entwickelten und den Wunsch verspürten, ihre Frauen nach beendeter Frisur direkt aus meinem Salon abzuholen. Dabei nahm die Zahl meiner Kundinnen beständig ab.

Mehri wusste zu berichten, dass die mir gegenüber ansässige und als mutmaßliche Ehebrecherin verfolgte Nachbarin nicht mehr in ihrer Wohnung lebte. Ihr Aufenthalt war allen ebenso unbekannt geblieben wie die Antwort auf die Frage, ob sie wohl noch am Leben sei. All das beunruhigte mich deutlich und ließ in mir eine unkontrollierte Angst wachsen. Vergeblich versuchte ich mich zu besänftigen, indem ich mir sagte, dass es sicherlich für diese Wahrnehmungen einfachste Erklärungen gäbe und mir meine gänzlich überreizten Nerven nur blinde Streiche spielten. Besänftigen allerdings konnten mich diese Gedanken nicht.

Shahram hatte es seit geraumer Zeit aufgegeben, mir nachzustellen. Trotzdem verstand er es, mir fortwährend durch Dritte diskret mitzuteilen, dass ich zwar nach unserer Scheidung keine Bedeutung mehr in seinem Leben spielen würde, gleichwohl er in meinem weiterhin beabsichtige, jene zentrale Rolle zu übernehmen, die dem Vater seiner Söhne letztlich zukäme. So wurde ich laufend daran erinnert, dass es für mich im Iran ein Leben ohne diesen Tyrannen auch künftig nicht geben würde. Mochten die erstrittenen Scheidungspapiere eine andere Sprache sprechen, Haltung und Worte dieses Schinders belehrten mich unwiderruflich eines anderen.

Besonders schwer wog für mich die Angst vor den Sittenwächtern, die bereits versucht hatten, mir während meines Aufenthaltes in Rumänien daheim nachzustellen. Dabei ging es nicht nur um mich allein. Würde es auf Grund von Indiskretionen zu einem moralischen Verdacht gegen mich kommen, wäre das Ausmaß staatlicher Gewalt nicht auszudenken. Was aber würde dann mit *Ali* und *Reza* geschehen? Unweigerlich musste ich an *Shahram* denken. Schon heute überzog mich eine grenzenlose Hilflosigkeit, wenn meine Söhne von Besuchen bei ihrem Vater heimkehrten. Fremd und verwandelt erschienen sie mir dann. Ihr mittlerweile pubertäres Verhalten zeigte erste Anzeichen einer Zügellosigkeit und jenen Egoismus, der mich stets an ihrem Vater so abgestoßen hatte. Oft benötigte ich dann Tage, um meine flügge werdenden kleinen »Küken« wieder unter den Einfluss meiner eigenen Wertvorstellungen zu bringen. So lebte ich in einer ewigen und undefinierbaren Furcht, die vielfältigsten Mustern und Schichten entsprang. Variationen einer Angst, die mir wohl bedeuten sollten, dass sich gerade das volle Ausmaß meines Schicksals erfüllte.

Ging ich fortan durch die Straßen meiner Stadt, beschlich mich manisch die Angst vor Verfolgung. Erschreckt nahmen plötzlich meine Augen in der Menge die fragwürdigsten Gestalten wahr. Ganz offensichtlich nahm die Überhitzung meines Gemütes weiterhin zu. Oft befürchtete ich jetzt, Symptome einer unberechenbaren Krankheit hätten sich in mir schleichend auf eine unheilvolle innere Reise begeben? Hatte bislang das Entsetzen vor möglichen äußeren Gefahren dazu geführt, mich einzuschüchtern, so schien sich dieses Bangen jetzt noch in einer für mich ungewohnten zusätzlichen Dimension auszuweiten. Plötzlich bekam ich auch Angst vor mir selber, und mehr denn je begann mir *Amir* zu fehlen. Bestürzt stellte ich fest, dass schon wenige Wochen nach unserer letzten Begegnung mein Erinnerungsvermögen daran arbeitete, jene Ereignisse in Bukarest in meinem Kopf zu verwischen. Wer hatte eigentlich wen verlassen? Warum, so fragte ich mich, mussten wir zwei uns denn nur, trennen? Hatte es wirklich für uns keinen Ausweg gegeben? Ein Gefühl innerer Fremdheit stieg in mir auf und ich verstand mit einem Male, was für ein Gefühl es ist, in einem Sog undefinierbarer Emotionen zu vereinsamen.

Zu allem Überfluss drohte mir mein Vater mit einem Familienbruch, wenn ich mich weiterhin einer neuen Vermählung widersetzen würde. Einen Bräutigam für mich hatte er schon gefunden. Zu sehr beschämte es den alternden Pascha und Autokraten, dass seine Tochter unter seinen Augen mittlerweile das Leben einer geschiedenen Frau mit zwei heranwachsenden Kindern führte. Der Anschein einer vermeintlichen Ächtung ließ ihn nicht ruhen, zu sehr stand für ihn die Ehre der gesamten Familie auf dem Spiel. Doch ich dachte nicht an eine zweite Ehe und verweigerte ihm den Gehorsam. Nicht noch einmal wollte ich mich ohne das Gefühl von Liebe binden. Nicht noch einmal sollte irgendjemand derart in mein Leben eingreifen und mein Schicksal lenken können. Dass ich in der Lage war, mich mit meinen Kindern allein durch diese Welt zu bringen, hatte ich hinlänglich bewiesen. Ein Zurück in die Vergangenheit durfte es nicht geben. Und dennoch bedrückte mich, dass ich mit meiner abwehrenden Haltung einen tiefen Riss der familiären Bande riskierte.

Eines Abends drehte ich mich verwirrt in meinem Zimmer. Alles, was ich erblickte, kam mir plötzlich so nutzlos und überflüssig vor. Sämtliche Einrichtungsgegenstände belasteten mich, engten mich ein und ich überlegte, all das hier zu verkaufen. Wozu benötigte ich derartige Belanglosigkeiten? Erstmals dachte ich darüber nach, meine Wohnung aufzulösen und fortzugehen. Aber ich wusste nicht, wohin.

Seit meiner Rückkehr aus Bukarest hatte ich mich nicht mehr im Spiegel betrachtet. In den bedeutungsvollen und kritischen Blicken der anderen begann ich mich nun zu reflektieren und jeder dieser Blicke hatte seinen eigenen Sinn. Von den Augen *Alis* war Angst abzulesen. Mit leichenblassem Gesicht trat er mir gegenüber. Dafür war *Mehris* Blick von deutlicher Sorge um mich geprägt. Bekannte und Kunden hingegen betrachteten mich eher verstört und zeigten sich irritiert über mein Auftreten. Als ich eines Morgens meinen Friseurladen betrat, kam eine aufgeregte Mitarbeiterin mit den Worten auf mich zu: »Gnädige Frau, Sie haben ja Ihren Mantel verkehrt herum angezogen und tragen auch noch Ihre Hausschuhe! Geht es Ihnen nicht gut? Es ist vielleicht besser, Sie gehen wieder nach Hause.« Erschrocken betrachtete ich meine unangemessene Kleidung und verließ sogleich fluchtartig das Geschäft. Daheim angekommen, warf ich wütend den Mantel in eine Ecke und weinte bitterlich. Mein Gott, wohin nahm mich das Leben mit? Stärker als je zuvor schien mich das Wesen *Amirs* erdrücken zu wollen. Das Dunkel der Nacht, für mich seit einiger Zeit bedeutungslos geworden war, griff wieder nach mir, durchdrang mich mit seiner Furcht und ließ mich nicht zur Ruhe kommen. Wie ein Ungeheuer lastete die Beklemmung auf mir und meine Lippen wiederholten beständig lautlose Worte, die Gott anflehten, doch endlich mein Gemüt zu besänftigen. Von der Decke des Zimmers aber regnete auf mich nur die Trauer über *Amirs* Abwesenheit.

Eines späten Abends, an dem wieder einmal zu viele Zigaretten meiner Gier zum Opfer gefallen waren, erhob ich mich und sagte *Mehri* unvermittelt, dass ich meine Heimat verlassen würde. »Dies ist der einzige Weg, der mir bleibt, um mich aus dem Sumpf, in den ich gefallen bin, wieder zu befreien«, erklärte ich ihr. »*Mehri*, ich muss einfach weg und dahin gehen, wo mich niemand kennt. Keiner weiß, wie sehr ich innerlich brenne.« Meine Schwester blickte mich stumm an und ich konnte in ihren Augen lesen, wie sehr sie mich verstand, obwohl sie mein plötzlicher Entschluss entsetzte.

Tage später nahm ich Kontakt mit jenem Mann in der Türkei auf, der mir zuvor mein Visum für den Aufenthalt in Bukarest beschafft hatte. Er erklärte mir, mich und die Kinder für 15 Millionen *Toman* binnen einer Woche nach Deutschland bringen zu können. Ich versprach, sein Angebot langfristig zu überdenken, doch schon am gleichen Abend fasste ich den Entschlus darauf einzugehen. Zu groß war meine Hoffnung, mit ihm den Weg meiner Befreiung einzuschlagen. Kaum hatte ich meine Entscheidung getroffen, befiel mich neuerliche Angst. Doch trug die nun nicht mehr das Gewand des Grauens vor dem Unabänderlichen, sondern das der Furcht vor dem Ungewissen. Dass sie schnell wieder verflog und ich auf einmal ruhig wurde, lag wohl daran, dass ein Gefühl der Hoffnung und der Zuversicht mich im rechten Augenblick stark werden ließ.

Am nächsten Tag, ich war gerade damit beschäftigt, einer Kundin die Haare zu legen, stellte mir die Post einen Brief von *Amir* zu. Nervös und mit einem würgenden Gefühl im Hals betrachtete ich einen Augenblick lang das Schriftstück in meinen Händen. Ich nahm mir vor, es nicht zu öffnen, sondern beiseite zu legen. Aber die Kraft dazu besaß ich nicht. Augenblicklich riss ich das Kuvert auf. Mein Herz hämmerte.

Liebe Roja!

Längst ist der Schlaf aus meinen Augen verflogen und deine Ferne bringt mich um den Verstand. Ohne dass ich es will, nistet du weiterhin in meinem Herzen, das sich deshalb auch nicht beruhigen kann, und obwohl Bukarest lebt, ist es um mich herum still und bewegungslos geworden. Du hast mir einst unter Tränen deine Ängste vor der Nacht anvertraut. Heute verstehe ich dich. Auch um mich herum herrscht Dunkelheit. Diese Finsternis beklemmt mich. Fortwährend erheben sich deine Augen vor mir. Ich sehe die feine Zeichnung ihrer Iris und augenblicklich sehne ich mich nach deinen gefühlvollen Blicken. Auf sie zu verzichten, gelingt mir nicht. Ebenso ergeht es mir mit den sanften Berührungen unserer Hände, die uns immer auf eine wohlige Art und Weise erschauern ließen und dabei gleichzeitig so viel Hoffnung in uns verströmten.

Roja, wie viele leidvolle Jahre müssen vergehen, damit meine Seele sich von unserer Trennung beruhigt, wie viele Jahre, damit es mir gelingt zu tun, was dein Wille von mir verlangt? Ich weiß, dass es mir nicht gelingen wird, dich zurückzugewinnen, so, wie es mir nicht möglich sein wird, zu mir selber zurückzufinden.

Alles, was ist, liegt in deiner Hand. Ich bitte dich, verstehe mich.

Amir

Ich konnte nicht mehr weiterarbeiten, zog meinen Mantel über und verhüllte mein Gesicht mit dem Kopftuch. Schnellstens musste ich den Laden mit all den neugierigen Blicken meiner Kundinnen verlassen, stieg in mein Auto und fuhr an den Rand der Stadt. Unterwegs schaltete ich das Autoradio ein, doch die laute Musik war nicht in der

Lage, meine Schmerzensschreie unter Tränen zu übertönen. Aus Angst, ich könnte der Versuchung nicht widerstehen und *Amir* anrufen, mied ich den direkten Rückweg in meine Wohnung. Hätte ich den drängenden Wunsch nach einem Gespräch mit ihm zugelassen, alles hätte von neuem begonnen. Gerade das aber wollte ich nicht. Zugleich bat ich Gott, mir die nötige Willensstärke zu geben, meinen Vorsatz beizubehalten. Gleichzeitig zerriss mich die Sorge um meinen Liebsten ebenso wie das Bewusstsein, all meine widersprüchlichen Gefühle vor *Ali* und *Reza* geheim halten zu müssen. Diese Situation führte unweigerlich dazu, dass sich mein Wunsch nach der geplanten Ausreise nur noch weiter verstärkte. Ich musste mich sofort mit dem Mann in der Türkei in Verbindung setzen. Ich brauchte jetzt hundertprozentige Sicherheit. Im Iran zu bleiben hieß, nie die Gedanken an *Amir* und unsere Trennung zu überwinden. Aber genau das durfte nicht geschehen.

Acht Jahre seines Lebens hatte ich ihm genommen. Auch deshalb verspürte ich das Bedürfnis ihm einen Brief zu schreiben, eine Antwort auf seine beseelten Worte, aber ich verzichtete bewusst darauf. Das Leben war wie ein Fluss. Es ging vorwärts. Eine Aufhebung unserer Trennung aber hätte uns beide in die falsche Richtung geführt. Um keinen Preis wollte ich zulassen, dass *Amir* sein noch vor sich liegendes Leben, seine ganze Zukunft für mich aufgab. Es wäre nicht fair und gerecht gewesen. Längst war mir bewusst, dass ich ihn mit dieser Haltung verletzte, konnte seine Empfindungen begreifen und beschwor gerade deshalb diese Emotionen inständig, doch die Seele des Menschen, der mir am meisten bedeutete, nicht zu zerstören.

Zur frühen Abendstunde kehrte ich von meinem unfreiwilligen Ausflug heim. *Mehri* musterte mich mit erstaunten Blicken, so als ahnte sie, dass etwas Unvorhergesehenes eingetreten war, etwas, das mich zutiefst bewegt haben musste. Dafür stellten mir *Ali* und *Reza* unbekümmert und aufgeregt neugierig ihre kindlichen Fragen zur bevorstehenden Reise, und indem ich sie alle geduldig beantwortete, bat ich *Amir* im Geheimen um Vergebung für mein Verhalten.

Je mehr sich der Tag unserer Abreise näherte, um so deutlicher kehrte das Grauen vor der ungewissen Zukunft zurück. Es war wieder einmal Mitternacht und ich lag immer noch wach. Nur mit meinem Nachthemd bekleidet, richtete ich mich im Bett auf und umarmte meine Knie. Die unterschiedlichsten Gedanken liefen mir durch den Kopf und wieder konnte ich die Tränen nicht zurückhalten. Immer noch dachte ich an *Amir*. Was würde er nach meiner Reise aus dem Iran von mir denken? Würde er mich für selbstsüchtig und undankbar halten, mich gar verachten? Ich musste mit meinem Gewissen wieder ins Reine kommen, wusste aber nicht, wie. In dieser Nacht träumte ich davon, nicht mehr im Iran zu sein. Ich befand mich an einem fremden, mir unbekannten Ort und die Einsamkeit lastete schwer auf meiner Brust. Ich wollte mich von diesem Druck befreien, ihn einfach beiseite schieben, doch es mißlang. Davon erwacht, erhob ich mich zitternd und ging in die Küche, wo ich im selben Moment alles Zerbrechliche, das mir in die Hände fiel, ohne Sinn wahllos zerstörte. Aufgeschreckt von dem Lärm, kam *Mehri*, so schnell es ihr möglich war, angerannt. Überwältigt von dem Anblick, der sich ihr bot, verharrte sie im Türrahmen und sah schweigend zu, wie ich mit äußerster Kraft einen Gegenstand nach dem anderen auf dem Steinboden der Küche zerspringen ließ. Schon verteilten sich die Scherben aus Glas, Ton und Porzellan über die ganze Fläche. All meine Wut, meinen ganzen Hass und auch die Furcht vor dem Ungewissen hatte ich zu Boden geworfen. Trotzdem war ich innerlich nicht beruhigt. Die Dunkelheit hockte wie ein unberechenbares Ungeheuer über mir und meine lautlosen Lippen wiederholten in einem bisher nicht gekannten Automatismus immer und immer wieder die Frage, ob denn alles Wirklichkeit war, was ich gerade erlebte. Bildete ich mir nicht alles nur ein? Zeit und Ort hatten für mich an Bedeutung verloren. Nur der Gedanke an meine Flucht beherrschte noch meine Sinne und trotzdem schaute *Shahram* auch jetzt noch mit seinem provozierenden Drogengesicht unerwartet oft in mich hinein. Gedanken an vergangene Tage zogen unkontrolliert durch die Welt meiner Emotionen und ich fühlte mich wie ein Luftballon, dem Helium die Bodenhaftung genommen hatte. Nur die Zuversicht, mit der geplanten Flucht aus einem Käfig der tiefsten Erniedrigungen und unbezähmbarer Sehnsüchte auszubrechen, verlieh mir Kraft, das noch vor mir Liegende zu bewältigen.

Fest stand, dass uns der erste Teil der Reise in die Türkei führen würde. Um die Kinder mitnehmen zu können, bedurfte es einer Übertragung ihrer Bilder in meinen Pass. Hierfür aber war eine amtlich beglaubigte Erlaubnis ihres Vaters erforderlich. Ich nahm Kontakt mit Mohammad auf. Der war bass erstaunt, als er von meinem Vorhaben erfuhr. »Warte doch erst einmal ab«, versuchte er mich zu beschwichtigen. »Wir müssen über deinen Entschluss sehr gut nachdenken. Einfach weg gehen kann nicht die richtige Entscheidung sein.« »*Mohammad*«, rief ich ungeduldig. »Ich bitte dich um deine Hilfe und zwar jetzt. Keiner wird mich mehr von meinem Entschluss abbringen. Auch du nicht.« Mein Freund zögerte, ehe er mir verschüchtert antwortete: »Gut, *Roja*, ich werde alles in meiner Macht Stehende tun. Lass uns nicht weiter darüber reden.« Ich sagte ihm, dass ich auf zusätzliches Geld angewiesen sei. »Alles, was ich habe, das Haus, meinen Friseurladen, musst du übernehmen. Sind wir erst einmal fort, kannst du es verkaufen. Wenn du willst, auch meinen Goldschmuck.«

Mit einer heimlichen Geldzuwendung war der Passbeamte zu bewegen gewesen, auf ein amtliches Dokument zu verzichten und die Bilder von *Ali* und *Reza* in meinen Pass zu übertragen. In den darauf folgenden beiden Tagen verkaufte ich mein Auto und hob alle Gelder von den Konten ab. Immer noch hielt ich meine Reisevorbereitungen geheim. Nur *Mehri* und *Mohammad* genossen mein Vertrauen. Meine kleine Schwester hatte bis zuletzt nicht an unseren Fortgang geglaubt. Nun war auf einmal die Stunde des Abschieds gekommen. Das Dunkel des Abends und eine schmerzvolle Stimmung lasteten auf uns beiden. Ich versuchte mich mit dem Verpacken der letzten Gegenstände abzulenken. Endlich kam *Mohammad*. Trotz meiner Bereitschaft, das meiste zurückzulassen, hatte sich eine stattliche Anzahl schwerer Gepäckstücke angesammelt. Schweigend fuhren wir unter fahl schimmerndem Mondlicht auf wenig befahrenen Straßen nach Teheran und ich dachte darüber nach, welche Menschen in der Fremde wohl künftig mein Leben begleiten würden. Es war Dienstag, der neunte *Shahriwar* oder, um mich bereits im Denken deutscher Begriffe zu üben, der 30. August. Der Abschied von meinem Haus und dem Laden fiel mir nicht leicht. Noch viel schwerer aber war es, diese beiden Menschen hier an meiner Seite in nur wenigen Stunden zurückzulassen; die

Einzigen, die sich neben *Amir* mit mir in allen Lagen meines bisherigen Lebens voller Tatkraft uneigennützig und freundschaftlich verbunden hatten. Zum Glück war ich viel zu müde, als dass mich in diesem Moment noch irgendein Gefühl hätte zurückhalten können.

Während ich unter der Last schwerer Gepäckstücke mit meinen beiden Söhnen durch die Passkontrolle ging, wurde mir so klar wie nie zuvor, dass diese Schritte die richtige Richtung nahmen. Ich ließ eine Umgebung der Depression hinter mir, in der kein Platz mehr war für mich und meine Kinder. Wir mussten einfach fort. Ich hoffte, dass *Mehri* und Mohammad mich verstanden und mein Herz schlug heftig. Zurückblicken konnte ich nicht mehr.

Am 20. Dezember des Jahres 2003 hatte ich das Glück, auf Einladung einer in Deutschland lebenden Iranerin gemeinsam mit ihren persischen Landsleuten in Nürnberg *Yalda*, das Fest der Wintersonnenwende, zu feiern. Bekanntermaßen handelt es sich hierbei um den kürzesten Tag und die längste Nacht des Jahres. Grund genug, sich im Kreise nahe stehender Menschen mit einem ausgelassenen Fest auf den bevorstehenden Frühling zu freuen.

Bei dieser Gelegenheit begegnete ich das erste Mal der Familie *Taheri*. Gemeinsam kamen wir ins Gespräch, empfanden sehr schnell gegenseitige Sympathie und fassten in den kommenden Wochen eine Freundschaft zueinander, die sich immer stärker ausprägen und bewähren sollte. Schon bald erfuhr ich, dass *Roja* die Odyssee ihres bisherigen Lebens, unter der sie immer noch sichtbar litt, in ihrer Muttersprache niedergeschrieben und so für sich festgehalten hatte. In zunächst diskreten Andeutungen erzählte mir ihr Mann, dass es der größte Wunsch seiner Frau sei, durch eine Veröffentlichung dieser Aufzeichnungen die Schatten ihrer Vergangenheit zu überwinden. Und Majid hatte Recht. Tatsächlich war diese Frau von dem Gedanken durchdrungen, ihr erlittenes Schicksal öffentlich zu machen. »Damit mein Leid nicht umsonst gewesen ist«, erklärte sie mir einmal eher beiläufig. Allerdings gestaltete sich die Umsetzung ihres Vorhabens problematisch. Waren ihre eigenen Sprachkenntnisse zu gering, um diese einfühlsamen Texte aus dem Persischen ins Deutsche zu übertragen, so fand sich unter ihren deutschsprachigen Freunden niemand, der Persisch so gut verstand, als dass er die Rolle des erfolgreichen Übersetzers hätte ausfüllen können. Das Projekt begann mich zu interessieren. Zwar brachte auch ich keine iranische Wortkunst zustande, hatte noch nie in meinem Leben ein Buch geschrieben, dennoch war ich von der Idee begeistert, zumal mit ihrer Umsetzung eine Chance gewonnen wurde, die Frau meines Freundes seelisch zu stützen.

Intensive und oft lange Gespräche zwischen *Roja*, *Majid* und mir sowie schriftlich niedergelegte Übersetzungsfragmente aus dem Kreise der ganzen Familie bildeten für mich die Grundlage dafür, *Rojas* wechselvolles Leben für andere auf dem Papier zu gestalten. Sehr schnell war uns allen klar: Dies hier sollte kein politisches, sondern ein ausschließlich persönliches Buch werden. Wir wollten nicht anklagen, sondern berichten.

Das, was *Roja* in ihrem Leben widerfuhr, ist kein repräsentatives Schicksal einer im Iran lebenden Frau. Ich habe mir berichten lassen, dass in diesem Land Frauen heute durchaus ein erfülltes Leben führen können. Doch wie sich unser Dasein entfaltet, ist immer auch abhängig von den Charakteren jener Menschen, die uns auf unserem Weg begleiten. Dabei können gesellschaftspolitische Verhältnisse und Veränderungen auf diese Charaktere einen negativen Einfluss nehmen. Deshalb entfaltet sich ein Lebensweg wie der von *Roja* dort am leichtesten, wo Menschen wegen ihrer Rasse, ihres Glaubens, ihrer politischen Gesinnung oder eben auch ihres Geschlechtes wegen unterdrückt werden und Repressalien erleiden. Dies kann überall auf der Welt geschehen. Selbst in den oft nach eigenen Regeln funktionierenden Demokratien des Abendlandes, in denen Frauenhäuser existieren, Kinder sexuell misshandelt werden, ein Kopftuch auf Grund politischer Motive Irritationen auslöst und Ausländer um ihre Sicherheit fürchten müssen. Dabei ist unsere Welt in ständiger Bewegung. Ein Staat, in dem heute die Rechte aller Menschen geachtet werden, kann morgen schon eine vereinzelte Gruppe seiner Gesellschaft verfolgen. Kein Volk ist davor geschützt. Schon deshalb verbietet sich der moralisch erhobene Zeigefinger.

Dass ich *Roja* und ihrer Familie in Nürnberg begegnete, dass es uns gemeinsam möglich wurde, in dieser Stadt ihr Buch zu schreiben, hat für mich eine ganz eigene Bedeutung. Schließlich ist es der Ort Deutschlands, an dem sich heute Menschen auf Grund seiner Geschichte der Jahre von 1933 bis 1945 der Achtung der Menschenrechte in besonderer Weise verschrieben haben.

Roja wurde mit der Entstehung ihres Buches von Kapitel zu Kapitel freier. Heute hat sie für sich seelisch endlich erreicht, wovon ihr Vorwort spricht.

Aber auch ich bin reicher geworden. Reich, weil wunderbare Menschen mein Leben neu beflügelt haben, indem sie mir zeigten, wie wertvoll eine Freundschaft sein kann, die sich durch unterschiedliche Kulturen ergänzt und bereichert.

Nürnberg, den 22. Juni 2004
Hans-Joachim Reckzeh